T0197068

essentials

essentials liefern aktuelles Wissen in konzentrierter Form. Die Essenz dessen, worauf es als „State-of-the-Art" in der gegenwärtigen Fachdiskussion oder in der Praxis ankommt. *essentials* informieren schnell, unkompliziert und verständlich

- als Einführung in ein aktuelles Thema aus Ihrem Fachgebiet
- als Einstieg in ein für Sie noch unbekanntes Themenfeld
- als Einblick, um zum Thema mitreden zu können

Die Bücher in elektronischer und gedruckter Form bringen das Fachwissen von Springerautor*innen kompakt zur Darstellung. Sie sind besonders für die Nutzung als eBook auf Tablet-PCs, eBook-Readern und Smartphones geeignet. *essentials* sind Wissensbausteine aus den Wirtschafts-, Sozial- und Geisteswissenschaften, aus Technik und Naturwissenschaften sowie aus Medizin, Psychologie und Gesundheitsberufen. Von renommierten Autor*innen aller Springer-Verlagsmarken.

Christoph Gyo

Beschäftigung von Flüchtlingen

Arbeits- und
Ausbildungsverhältnisse
rechtskonform gestalten

3., überarbeitete und aktualisierte Auflage

Dr. Christoph Gyo
Buschlinger, Claus & Partner PartG mbB
Wiesbaden, Deutschland

ISSN 2197-6708   ISSN 2197-6716 (electronic)
essentials
ISBN 978-3-658-37855-4   ISBN 978-3-658-37856-1 (eBook)
https://doi.org/10.1007/978-3-658-37856-1

Die Deutsche Nationalbibliothek verzeichnet diese Publikation in der Deutschen Nationalbibliografie; detaillierte bibliografische Daten sind im Internet über http://dnb.d-nb.de abrufbar.

Planung/Lektorat: Irene Buttkus
Springer Gabler ist ein Imprint der eingetragenen Gesellschaft Springer Fachmedien Wiesbaden GmbH und ist ein Teil von Springer Nature.
Die Anschrift der Gesellschaft ist: Abraham-Lincoln-Str. 46, 65189 Wiesbaden, Germany

Was Sie in diesem *essential* finden können

- Herausforderungen und Chancen für den deutschen Arbeitsmarkt durch Migration
- Informationen zu Aufenthaltstitel bzw. Arbeitsgenehmigung als regelmäßiger Voraussetzung für Beschäftigung und Ausbildung
- Besonderheiten für Flüchtlinge aus der Ukraine
- Überblick zu Fördermöglichkeiten
- Hinweise zur Vertragsgestaltung
- Mitbestimmungsrechtliche Aspekte
- Besonderheiten zur Vermeidung von Strafbarkeits- und Kostenrisiken

Vorwort

Die erste Auflage dieses *essentials* wurde 2015 angesichts der sogenannten europäischen Flüchtlingskrise verfasst. Damals nahm die Zahl gewaltsam aus ihrer Heimat vertriebener Menschen, die in Europa Zuflucht suchten, stark zu. Diese Menschen flohen vor allem aus failed und fragile states wie Syrien, Afghanistan, Irak, Lybien, Somalia, Sudan, Südsudan, Eritrea und Nigeria. Nunmehr findet mitten in Europa ein von Russland verursachter, unvorstellbarer Angriffs- und Vernichtungskrieg statt, der Millionen Menschen zur Flucht aus der Ukraine zwang und wohl auch noch viele weitere Menschen zur Flucht zwingen wird. Eine Neuauflage des *essentials* ist deshalb leider angezeigt. Ziel auch dieser Auflage des *essentials* bleibt es, sachliche Hinweise zur sinnvollen Beschäftigung und Ausbildung von Flüchtlingen zu liefern.

Inhaltsverzeichnis

Deutschland ist seit jeher Ziel von Migrationsbewegungen. Erst langsam setzt sich die Erkenntnis durch, dass Migration nur schlecht gesteuert werden kann und dass ein großer Teil der in Deutschland eintreffenden Migranten aus guten Gründen wenig Rückkehrneigung verspürt.

Während in der ersten und zweiten Auflage dieses *essentials* noch nicht seriös beurteilt werden konnte, ob diese Menschen eine Lösung für den sich in verschiedenen Branchen und Regionen eingetretenen Fachkräftemangel sind, besteht mittlerweile Grund zur Annahme, dass die seit 2015 nach Deutschland geflüchteten Menschen den hiesigen Arbeitsmarkt bereichert haben und die aktuell aus der Ukraine fliehenden Menschen ihn noch weiter bereichern werden. Es mag nach wie vor sein, dass nicht jeder Migrant seine berufliche Perspektive z. B. in der Altenpflege oder in Handwerksberufen in der entlegenen Provinz sieht. Mittlerweile steht aber fest, dass ca. 2/5 der seit 2015 nach Deutschland Geflüchteten nach vier Jahre Aufenthalt einer Erwerbstätigkeit nachging und es fünf Jahre nach Zuzug bereits knapp die Hälfte waren, was eine Beschleunigung gegenüber früherer Fluchtmigration darstellt (IAB-Kurzbericht 4/2020). Hinsichtlich der Qualifikationsstruktur der nach Deutschland Geflüchteten fällt auf, dass der Anteil von Akademikern am einen Ende der Qualifikationsskala und von Unausgebildeten am anderen Ende der Skala jeweils deutlich höher ist als in der deutschen Bevölkerung ohne Migrationshintergrund (IAB-Kurzbericht 8/2020). Außerdem wurde festgestellt, dass die Anerkennung ausländischer Berufs- und Hochschulabschlüsse zu einer höheren Beschäftigungsquote von Geflüchteten beiträgt (IAB-Kurzberichte 2/2021 und 8/2021). Die mangelnde Anerkennung von Bildungsabschlüssen und Berufserfahrung trifft vor allem Frauen (IAB-Kurzbericht 8/2021). Aus diesen Erkenntnissen lässt sich ableiten, dass die Prognose für die aus der Ukraine geflüchteten Menschen, schneller Zugang zu höherwertigen Beschäftigungen zu finden, besser ausfällt als für diejenigen

© Springer Fachmedien Wiesbaden GmbH, ein Teil von Springer Nature 2022 1
C. Gyo, *Beschäftigung von Flüchtlingen*, essentials,
https://doi.org/10.1007/978-3-658-37856-1_1

Geflüchten, die vor dem Ukraine-Krieg nach Deutschland geflohen sind. Erstens dürften das deutsche und das ukrainische Bildungssystem qualitativ weniger weit auseinander liegen als das deutsche Bildungssystem und die Bildungssysteme z. B. von Syrien, Afghanistan, Irak, Lybien, Somalia, Sudan, Südsudan, Eritrea oder Nigeria. Dies dürfte die Anerkennung von Berufs- und Hochschulabschlüssen deutlich erleichtern und damit ein typisches Beschäftigunghindernis reduzieren. Zweitens dürfte ein deutlich größerer Anteil der aus der Ukraine fliehenden Frauen über ein höheres Bildungsniveau und mehr Berufserfahrung verfügen als Frauen, die aus Ländern geflohen sind, die von der Gleichberechtigung der Geschlechter noch weit entfernt sind. Es bleibt also dabei, dass die Migration eine große Chance ist, dem Fachkräftemangel zu begegnen (Gyo 2009, S. 66). Der Verwirklichung dieser Chance steht aber trotz der durch das Fachkräfteeinwanderungsgesetz 2019 bewirkten Reformen eine immer noch komplexe Gesetzeslage im Weg.

Das vorliegende *essential* widmet sich den Möglichkeiten, trotz dieser Barriere einer Beschäftigung oder Beschäftigung in Deutschland nachzugehen und dadurch bei gleichzeitiger Entlastung des Sozialsystems die Lebenszeit der Betroffenen sinnvoll zu nutzen. Die Reihenfolge der Darstellung richtet sich nach dem chronologischen Ablauf eines Ausbildungs- bzw. Beschäftigungsverhältnisses. Dazu werden zunächst die Begrifflichkeiten geklärt, im Anschluss daran werden die verschiedenen rechtlichen Ausgestaltungen des Aufenthalts und ihre Auswirkungen auf Beschäftigungsmöglichkeiten erläutert und abschließend arbeits-, sozialversicherungs- und steuerrechtliche Sonderfragen beantwortet. Die zitierten Gesetzesvorschriften sind in der ebook-Ausgabe mit Verlinkungen zu den im Internet frei zugänglichen, einschlägigen gesetzlichen Regelungen versehen. Zur tieferen Durchdringung der Materie sollte aber ein gesonderte Textausgabe hinzugezogen werden.

2.1   Begrifflichkeiten

Umgangssprachlich hat sich der Begriff *„Flüchtling"* für diejenigen Menschen etabliert, die sich auf der Suche nach einer besseren Zukunft aus Schwellenländern, der sogenannten „Dritten Welt" und aus Kriegs- und Krisengebieten mehr oder weniger zielgerichtet nach Deutschland begeben. Die rechtlichen Definitionen des „Flüchtling" sind aber enger. Nach Art. 1 Abs. 2 Abkommen über die Rechtsstellung der Flüchtlinge vom 28. Juli 1951 *(„Genfer Flüchtlingskonvention" – GFK),* das von der Bundesrepublik Deutschland durch das Gesetz vom 1. September 1953 ratifiziert wurde, handelt es sich bei einem Flüchtling um eine Person, die

„aus der begründeten Furcht vor Verfolgung wegen ihrer Rasse, Religion, Nationalität, Zugehörigkeit zu einer bestimmten sozialen Gruppe oder wegen ihrer politischen Überzeugung sich außerhalb des Landes befindet, dessen Staatsangehörigkeit sie besitzt, und den Schutz dieses Landes nicht in Anspruch nehmen kann oder wegen dieser Befürchtungen nicht in Anspruch nehmen will; oder die sich als staatenlose infolge solcher Ereignisse außerhalb des Landes befindet, in welchem sie ihren gewöhnlichen Aufenthalt hatte, und nicht dorthin zurückkehren kann oder wegen der erwähnten Befürchtungen nicht dorthin zurückkehren will.".

Über § 3 Abs. 1 Asylgesetz (AsylG) wird diese Definition in das nationale Recht übernommen. Noch enger ist die Definition des Asylberechtigten. *Asylberechtigt* sind Flüchtlinge im Sinne von Art. 1 Abs. 2 GFK bzw. § 3 Abs. 1 AsylG, wenn sie wegen ihrer politischen Verfolgung nach Deutschland gereist sind, ohne eine Etappe in einem Mitgliedstaat der EU oder einem Drittstaat der die GFK anwendet (sog. „Sicherer Drittstaat") gemacht zu haben und einen

© Springer Fachmedien Wiesbaden GmbH, ein Teil von Springer Nature 2022   3
C. Gyo, *Beschäftigung von Flüchtlingen,* essentials,
https://doi.org/10.1007/978-3-658-37856-1_2

Asylantrag gestellt haben, Art. 16a Abs. 1 Grundgesetz (GG). Wird dem Asylantrag stattgegeben, führt dies zur *Anerkennung als Asylberechtigter.* Daneben gibt es *„Subsidiär Schutzberechtigte".* Diese erfüllen nicht die Voraussetzungen für die Anerkennung als Asylberechtigte, dennoch droht ihnen in ihrem Herkunftsland ernsthafter Schaden, § 4 Abs. 1 AsylG. Ernsthafte Schäden sind z. B. die Verhängung oder Vollstreckung der Todesstrafe, Folter oder unmenschliche oder erniedrigende Behandlung oder Bestrafung oder die ernsthafte individuelle Bedrohung des Lebens oder der körperlichen Unversehrtheit einer Zivilperson infolge willkürlicher Gewalt im Rahmen internationaler oder innerstaatlicher bewaffneter Konflikte.

Nachfolgend wird der Begriff „Flüchtling" aber nur zurückhaltend eingesetzt, da er für diese Darstellung einerseits zu eng und andererseits nicht zielführend ist. So erfasst die Definition des „Flüchtling" nach der GFK nicht diejenigen Menschen, die nach Deutschland einreisen, ohne verfolgt zu sein. Obwohl es der Intention des Gesetzgebers widerspricht, kann es nicht ausgeschlossen werden, dass Menschen, die mangels Verfolgung keine „Flüchtlinge" sind, einen Aufenthaltstitel und eine Arbeitsgenehmigung erhalten. Einem vernünftigen Arbeitgeber dürfte es bei der Begründung und der Durchführung eines Beschäftigungsverhältnisses egal sein, ob der Betroffene „Flüchtling" im Sinne der GFK ist oder ob er gar nicht verfolgt ist. Wichtiger ist es für ihn zu wissen, ob dem Betroffenen – warum und wie auch immer – die Beschäftigung gestattet ist und ob er die fachliche und persönliche Qualifikation für die Ausübung der Tätigkeit besitzt. Für die Rechte und Pflichten der Parteien des Arbeitsverhältnisses ist es ebenfalls irrelevant, ob der Beschäftigte „Flüchtling" im Sinne der GFK ist oder ob er keiner Verfolgung ausgesetzt ist. Der weit überwiegende Teil der das Arbeitsverhältnis regelnden Gesetzesvorschriften ist – meist zwingendes – Arbeitnehmerschutzrecht, das aus gutem Grund nicht an die Herkunft oder den Aufenthaltstitel des Arbeitnehmers anknüpft.

„Migrant" ist demnach der besser passende Begriff, soweit es allein um den Aufenthalt geht. Im Zusammenhang mit Beschäftigung sind die Begriffe *„Beschäftigter"* oder *„Beschäftigungssuchender"* treffender.

Unter *Beschäftigung* im Sinne dieser Darstellung werden die abhängige Beschäftigung, selbstständige Tätigkeiten, betriebliche Ausbildungen, Ausbildungen im dualen System, Praktika, das Freiwillige Soziale Jahr und der Bundesfreiwilligendienst verstanden. Fragen zum Besuch von allgemeinbildenden Schulen und Hochschulen sind nicht Gegenstand dieser Darstellung.

2.2 Systematik der gesetzlichen Regelung

Allgemeine Grundlage der Beschäftigung von Ausländern ist das Aufenthaltsgesetz (AufenthG). Es regelt unter anderem die Einreise, den Aufenthalt und die Beschäftigung derjenigen Ausländer, die nicht Unionsbürger, Angehörige der diplomatischen und konsularischen Corps oder durch einen völkerrechtlichen Vertrag privilegiert sind, § 1 AufenthG. Daneben sind speziellere Regelungen im AufenthG und in weiteren Gesetzen einschlägig. Bei diesen weiteren Gesetzen handelt es sich z. B. um das Allgemeine Gleichbehandlungsgesetz (AGG), im Arbeitnehmerüberlassungsgesetz (AÜG), das Asylgesetz (AsylG) als Nachfolgeregelung des bis zum 23. Oktober 2015 geltenden Asylverfahrensgesetzes (AsylVfG), das Asylbewerberleistungsgesetz (AsylbLG), das Berufsqualifikationsfeststellungsgesetz (BQFG), die Beschäftigungsverordnung (BeschV), das Bürgerliche Gesetzbuch (BGB), das Betriebsverfassungsgesetz (BetrVG), das Gesetz zur Bekämpfung der Schwarzarbeit und illegalen Beschäftigung (Sch warzArbG), das Kündigungsschutzgesetz (KSchG), das Sozialgesetzbuch Drittes Buch (SGB III) oder das Teilzeit- und Befristungsgesetz (TzBfG). Grundsätzlich richten sich die Möglichkeiten, als Migrant einer Beschäftigung nachzugehen, nach dem Aufenthaltstitel des Migranten, oder, falls ein solcher nicht vorliegt, nach dem Vermerk über das Bestehen einer Arbeitsgenehmigung auf der jeweiligen Aufenthaltsbescheinigung. Daneben existieren verschiedene Regelungen auf Länderebene, die wegen ihrer Vielfalt und zum Teil Kurzlebigkeit im Rahmen dieser Darstellung nicht behandelt werden können.

Aufenthaltstitel und Arbeitsgenehmigung als grundsätzliche Voraussetzungen für die Aufnahme einer Beschäftigung oder Ausbildung

3

3.1 Grundsatz: Erfordernis eines Aufenthaltstitels und einer Arbeitsgenehmigung

Die grundlegende Regelung zu Einreise, Aufenthalt und Beschäftigung in Deutschland findet sich in §§ 4 und 4a AufenthG. Danach ist Ausländern, die nicht Unionsbürger, Angehörige der diplomatischen und konsularischen Corps oder durch einen völkerrechtlichen Vertrag privilegiert sind, grundsätzlich die Einreise und der Aufenthalt im Bundesgebiet verboten, es sei denn, sie verfügen über einen der in § 4 Abs. 1 S. 2 AufenthG abschließend aufgeführten Aufenthaltstitel, § 4 Abs. 1 AufenthG. Hierbei handelt es sich um ein sogenanntes Verbot mit Erlaubnisvorbehalt. Ein Verbot mit Erlaubnisvorbehalt bedeutet, dass die betroffene Maßnahme (hier Einreise und Aufenthalt) grundsätzlich rechtswidrig ist, es sei denn, es gibt eine gesetzlich geregelte Ausnahme (hier der Aufenthaltstitel). Ein Aufenthaltstitel ist jede von den Behörden eines EU-Mitgliedstaats ausgestellte Erlaubnis, die einen Drittstaatsangehörigen zum rechtmäßigen Aufenthalt im Hoheitsgebiet des jeweiligen Mitgliedstaats berechtigt. Aufenthaltstitel gem. § 4 Abs. 1 S. 2 AufenthG sind das Visum gem. § 6 Abs. 1 Nr. 1 (Schengen-Visum) u. Abs. 3 (Nationales Visum) AufenthG, die Aufenthaltserlaubnis gem. § 7 AufenthG, die Blaue Karte EU gem. § 18b Abs. 2 AufenthG, die ICT-Karte gem. § 19 AufenthG, die Mobiler-ICT-Karte gem. § 19b AufenthG, die Niederlassungserlaubnis gem. § 9 AufenthG und die Daueraufenthaltserlaubnis-EU gem. § 9a AufenthG.

Keine Aufenthaltstitel im Sinne des AufenthaltsG sind Flughafentransitvisa gem. § 6 Abs. 1 Nr. 2 AufenthG, weil diese trotz ihrer Bezeichnung als Visum nicht in § 4 Abs. 1 AufenthG aufgeführt werden. Keine Aufenthaltstitel im Sinne des AufenthaltsG sind außerdem Titel, die für die Dauer der Prüfung

© Springer Fachmedien Wiesbaden GmbH, ein Teil von Springer Nature 2022
C. Gyo, *Beschäftigung von Flüchtlingen,* essentials,
https://doi.org/10.1007/978-3-658-37856-1_3

eines Antrags auf Gewährung von Asyl, auf Erteilung eines Aufenthaltstitels oder auf Verlängerung eines Aufenthaltstitels ausgestellt worden sind; Titel, die in außergewöhnlichen Fällen zum Zwecke der Verlängerung der erlaubten Aufenthaltsdauer um höchstens einen Monat erteilt werden; Genehmigungen für einen Aufenthalt von bis zu sechs Monaten, die von den Mitgliedstaaten ausgestellt werden, die Artikel 21 Übereinkommen zur Durchführung des Übereinkommens von Schengen (SDÜ) nicht anwenden, Art. 1 Verordnung (EG) Nr. 1030/2002.

Anders als Einreise und Aufenthalt unterliegt die abhängige oder selbstständige Erwerbstätigkeit eines Ausländers keinem Verbot mit Erlaubnisvorbehalt. Verfügt ein Ausländer über einen Aufenthaltstitel, ist ihm die Erwerbstätigkeit in der Regel erlaubt, es sei denn, es gilt ein gesetzliches Verbot oder eine gesetzliche Beschränkung, § 4a Abs. 1 AufenthG. Bestehen ein solches gesetzliches Verbot oder eine gesetzliche Beschränkung, bedarf die Ausübung einer Beschäftigung oder einer über die Beschränkung hinausgehenden Beschäftigung der Erlaubnis durch die Ausländerbehörde; diese Erlaubnis kann zusätzlich noch dem Vorbehalt der Zustimmung durch die Bundesagentur für Arbeit nach § 39 AufenthG unterliegen, § 4a Abs. 2 S. 1 AufenthG. Aus jedem Aufenthaltstitel muss hervorgehen, ob die Ausübung einer Erwerbstätigkeit erlaubt ist und ob und welchen Beschränkungen diese Erwerbstätigkeit unterliegt, § 4a Abs. 3 S. 1 AufenthG. Solche Beschränkungen können die Geltungsdauer der Zustimmung, den Betrieb in dem der Erwerbstätigkeit ausgeübt werden darf, die Art der beruflichen Tätigkeit, den Arbeitgeber, die Region, in der die Beschäftigung ausgeübt werden kann und die Lage und Verteilung der Arbeitszeit betreffen, § 34 Abs. 1 BeschV. Der Vermerk zur Erlaubnis der Beschäftigung im Aufenthaltstitel ist deklaratorisch, wenn sich schon aus dem Zweck des Aufenthaltstitels oder einer rechtlichen Regelung ergibt, dass der Inhaber des Aufenthaltstitels einer Beschäftigung nachgehen darf. Dies ist z. B. der Fall bei der Aufenthaltserlaubnis zur Ausübung einer selbstständigen Tätigkeit gem. § 21 AufenthG. Der Vermerk zur Erlaubnis der Beschäftigung im Aufenthaltstitel kann aber auch konstitutiv wirken, wenn sich aus dem Aufenthaltstitel oder einer rechtlichen Regelung noch nicht automatisch die Befugnis zur Ausübung einer Beschäftigung ergibt, so z. B. aus einer Aufenthaltserlaubnis für in anderen EU-Staaten langfristig Aufenthaltsberechtigte gem. § 38a AufenthG. In diesen Fällen muss eine Arbeitsgenehmigung noch beantragt werden. Enthält der Aufenthaltstitel den Vermerk **„Erwerbstätigkeit gestattet"**, berechtigt dies zur Ausübung einer selbstständigen oder unselbstständigen Tätigkeit. Der Vermerk **„Beschäftigung gestattet"** berechtigt nur zur Ausübung einer unselbstständigen Tätigkeit.

Nachfolgend wird ein Überblick über Erlass und Inhalte der verschiedenen Aufenthaltstitel vermittelt, insbesondere welche dieser Aufenthaltstitel bereits eine Arbeitsgenehmigung enthalten und bei welchen Aufenthaltstiteln noch eine Arbeitsgenehmigung einzuholen ist. Dies soll es Arbeitgebern – in ihrem eigenen Interesse, zur Vermeidung einer strafrechtlichen Verfolgung – erleichtern, festzustellen, ob die Ausbildung oder Beschäftigung eines Migranten rechtlich zulässig ist. Zudem sollen Arbeitgeber in die Lage versetzt werden, die vertragliche Ausgestaltung einer Ausbildung oder Beschäftigung an eine womöglich nur befristete Aufenthaltserlaubnis des betroffenen Migranten anzupassen (Zu den Einzelheiten vgl. unten 5.).

3.2   Allgemeine Voraussetzungen für die Erteilung eines Aufenthaltstitels

Für die Erteilung eines Aufenthaltstitels müssen zunächst einige allgemeine Voraussetzungen erfüllt sein, wie z. B. die Sicherung des Lebensunterhalts des Betroffenen, die Klärung seiner Identität und ggf. Staatsangehörigkeit, kein Bestehen eines Ausweisungsinteresses, keine Beeinträchtigung oder Gefährdung der Interessen der Bundesrepublik Deutschland, die Erfüllung der Passpflicht und ggf. die Einreise mit dem erforderlichen Visum, § 5 Abs. 1 u. 2 AufenthG. In atypischen Fällen ist aber zwingend von der Einhaltung einer oder mehrerer dieser Voraussetzungen – mit Ausnahme der Voraussetzung der Beeinträchtigung oder Gefährdung der Interessen der Bundesrepublik Deutschland, z. B. bei Terrorismusverdacht, der Gefährdung der freiheitlich demokratischen Grundordnung, dem Bestehen einer Abschiebungsanordnung u.ä. – abzusehen. Solche atypischen Fälle können z. B. vorliegen bei Umständen, die migrationstypisch oder herkunftsstaatbezogen sind, Krankheit oder Alter des Betroffenen, besondere familiäre Umstände, Mitveranlassung der konkreten Situation durch staatliche Stellen usw. Aktuell gilt z. B. gem. § 2 UkraineAufenthÜV, dass unter bestimmten Voraussetzungen kein Visum für die Einreise und kein Aufenthaltstitel für den Aufenthalt erforderlich ist (vgl. ausführlich unten 3.9).

3.3   Die einzelnen Aufenthaltstitel

3.3.1   Visum gem. 6 Abs. 1 Nr. 1 (Schengen-Visum) u. Abs. 3 (Nationales Visum) AufenthG

Ein **Visum** gem. 6 Abs. 1 Nr. 1 (Schengen-Visum) oder Abs. 3 (Nationales Visum) AufenthG ist zwar ein Aufenthaltstitel, enthält aber als solcher noch keine Arbeitsgenehmigung. Ein Visum gem. 6 Abs. 1 Nr. 1 AufentG (Schengen-Visum) berechtigt grundsätzlich nicht zur Ausübung einer Erwerbstätigkeit, es sei denn, es wurde zum Zweck einer Erwerbstätigkeit erteilt, 6 Abs. 2a AufenthG. Ein nationales Visum gem. § 6 Abs. 3 AufenthG berechtigt immer dann zur Erwerbstätigkeit, wenn es für einen Aufenthaltszweck erteilt wurde, bei dem eine Erwerbstätigkeit ganz oder mit Beschränkungen gestattet werden muss oder wenn die Arbeitsagentur der Beschäftigung zugestimmt hat.

3.3.2 Aufenthaltserlaubnisse gem. § 7 AufenthG

Die **Aufenthaltserlaubnis** ist ein Aufenthaltstitel, der nur **befristet** erteilt wird, § 7 Abs. 1 S. 1 AufenthG. Sie wird grundsätzlich nur für Ausbildungszwecke (§§ 16–17 AufenthG), die (sowohl selbstständige als auch unselbstständige) Erwerbstätigkeit (§§ 18–21 AufenthG), aus völkerrechtlichen, humanitären oder politischen Gründen (§§ 22–26 AufenthG), aus familiären Gründen (§§ 27–36 AufenthG) und aus den besonderen Gründen der Wiederkehr eines Ausländers (§ 37 AufenthG), des Aufenthalts eines ehemaligen Deutschen (§ 38 AufenthG) und für in anderen Mitgliedsstaaten der EU langfristig Aufenthaltsberechtigte (§ 38a AufenthG) erteilt, § 7 Abs. 1 S. 2 AufenthG. Ob eine solche Aufenthaltserlaubnis den Inhaber zur Erwerbstätigkeit berechtigt, richtet sich nach dem Zweck, zu dem die Aufenthaltserlaubnis erteilt ist. Es ist jedoch auch möglich, eine Aufenthaltserlaubnis zu einem Zweck zu erteilen, der nicht im AufenthG genannt ist, § 7 Abs. 1 S. 3 AufenthG. Zu den einzelnen Zwecken einer Aufenthaltserlaubnis:

3.3.2.1 Aufenthaltserlaubnis für Ausbildungszwecke

Eine **Aufenthaltserlaubnis für Ausbildungszwecke gem. §§ 16–17 AufenthG** berechtigt in der Regel zur Ausübung von Beschäftigungen, die den Ausbildungszweck nicht beeinträchtigen.

Eine Aufenthaltserlaubnis zum Zweck der **Berufsausbildung und beruflichen Weiterbildung** im Inland gem. § 16a AufenthG bedarf der Zustimmung der Bundesagentur für Arbeit gem. § 39 AufenthG, es sei denn, es ist durch die Beschäftigungsverordnung oder eine zwischenstaatliche Vereinbarung bestimmt, dass die Aus- und Weiterbildung ohne Zustimmung der Bundesagentur für Arbeit zulässig ist, § 16a Abs. 1 S. 1 AufenthG. Im Fall einer qualifizierten Berufsausbildung darf einer unselbstständigen Beschäftigung im Umfang von maximal zehn Wochenstunden nachgegangen werden; handelt es sich nicht um eine qualifizierte Berufsausbildung, darf keiner Erwerbstätigkeit nachgegangen werden, § 16a Abs. 3 S. 1 AufenthG. Wird nach dem erfolgreichen Abschluss der

qualifizierten Berufsausbildung im Inland eine Aufenthaltserlaubnis zur Stellensuche gem. § 20 Abs. 3 AufenthG erteilt, darf sowohl eine unselbständigen als
auch einer selbständigen Erwerbstätigkeit nachgegangen werden, § 4a Abs. 1
AufenthG. Die Aufnahme einer der Ausbildung entsprechenden Stelle bedarf
allerdings wieder der Zustimmung der Arbeitsagentur, die aber nur eine Gleich-
wertigkeitsprüfung durchführt. Auf eine Vorrangprüfung wird verzichtet. Es gilt
die durch das Integrationsgesetz eingeführte sogenannte „3+2 Regel". Diese
besagt, dass Auszubildende zunächst eine Duldung für die Dauer der Ausbildung – also im Regelfall drei Jahre – erhalten und nach dem Abschluss der
Ausbildung und beim Vorliegen weiterer Voraussetzungen (direkte Anschluss-
beschäftigung, ausreichender Wohnraum, ausreichende Sprachkenntnisse, keine
vorsätzliche Täuschung der Ausländerbehörde über aufenthaltsrechtlich relevante
Umstände, keine Verzögerung oder Behinderung behördlicher Maßnahmen zur
Aufenthaltsbeendigung, keine Unterstützung oder Bezüge zu extremistischen oder
terroristischen Organisationen, keine Verurteilung wegen bestimmter Straftaten,
Zustimmung der Bundesagentur für Arbeit) eine Aufenthaltserlaubnis für zwei
Jahre erteilt wird, § 19d Abs. 1a AufenthG.

Eine Aufenthaltserlaubnis zu Zwecken des **Studiums, studienvorbereitender
Maßnahmen incl. Pflichtpraktika, Sprachkursen oder Besuch von Studien-
kollegs** gem. § 16b AufenthG berechtigt neben der Ausübung studentischer
Nebentätigkeiten zur Ausübung einer zeitlich eingeschränkten, unselbstständigen
Tätigkeit, § 16b Abs. 3 AufenthG. Eine darüber hinausgehende unselbstständige
Tätigkeit bedarf der Zustimmung der Arbeitsagentur, die eine Arbeitsmarktprüfung durchführt. Selbstständige Tätigkeiten bedürfen der Erlaubnis der Ausländerbehörde, § 21 Abs. 6 AufenthG. Wird nach dem erfolgreichen Abschluss
des Studiums in Deutschland eine Aufenthaltserlaubnis zur Stellensuche gem.
§ 20 Abs. 3 AufenthG erteilt, darf sowohl eine unselbständigen als auch einer
selbständigen Erwerbstätigkeit nachgegangen werden, § 4a Abs. 1 AufenthG.

Besonderheiten gelten bei der Aufenthaltserlaubnis zum **Zweck der Studien-
bewerbung** und während des Aufenthalts zu **studienvorbereitenden Maßnahmen** im ersten Jahr des Aufenthalts, die zur Ausübung einer Beschäftigung nur
während der Ferienzeit berechtigen, § 16b Abs. 3 S. 2, 5 S. 3 AufenthG. Wird
nach dem erfolgreichen Abschluss des Studiums eine Aufenthaltserlaubnis zur
Stellensuche erteilt, berechtigt diese Aufenthaltserlaubnis nur zur Ausübung von
Probebeschäftigungen bis zu zehn Stunden je Woche, zu deren Ausübung die
erworbene Qualifikation der Betroffene befähigt ist, § 20 Abs. 1 S. 4, Abs. 2
AufenthG.

Eine Aufenthaltserlaubnis zur Teilnahme an **nicht studienvorbereitenden Sprachkursen und Schulbesuchen** gem. § 16f AufenthG berechtigt nicht zur Ausübung einer Erwerbstätigkeit, § 16f Abs. 3 S. 4 AufenthG.

Etwas komplexer sind die Regelungen zur Erwerbstätigkeit im Zusammenhang mit **Aufenthalten zur Anerkennung ausländischer Berufsqualifikationen** gem. § 16d AufentG. Wird eine **Aufenthaltserlaubnis für die Durchführung einer Qualifizierungsmaßnahme einschließlich sich daran anschließender Prüfungen** erteilt, berechtigt dies zur Ausübung einer von der Qualifizierungsmaßnahme unabhängigen Beschäftigung bis zu zehn Stunden je Woche **und** zur Ausübung einer zeitlich nicht eingeschränkten Beschäftigung, deren Anforderungen in einem Zusammenhang mit den in der späteren Beschäftigung verlangten berufsfachlichen Kenntnissen stehen, wenn ein konkretes Arbeitsplatzangebot für eine spätere Beschäftigung in dem anzuerkennenden oder von der beantragten Berufsausübungserlaubnis erfassten Beruf vorliegt und die Bundesagentur für Arbeit nach § 39 AufenthG zugestimmt hat oder durch die BeschV bestimmt ist, dass die Beschäftigung ohne Zustimmung der Bundesagentur für Arbeit zulässig ist, § 16d Abs. 1 S. 4 u. Abs. 2. S. 1 AufenthG. Wird einem Ausländer eine **Aufenthaltserlaubnis zum Zweck der Anerkennung** einer im Ausland erworbenen Berufsqualifikation erteilt und die Ausübung einer qualifizierten Beschäftigung in einem im Inland nicht reglementierten Beruf, zu dem seine Qualifikation befähigt, erlaubt, ist der Ausländer nicht zu einer darüber hinausgehenden Erwerbstätigkeit berechtigt, § 16d Abs. 3 S. 2 AufenthG. Wurde ein Ausländer aufgrund einer Absprache der Bundesagentur für Arbeit mit der Arbeitsverwaltung seines Herkunftslandes in einen **reglementierten Beruf im Gesundheits- und Pflegebereich** oder wegen **sonstiger ausgewählter Berufsqualifikationen** (idR im Handwerksbereich) in eine Beschäftigung vermittelt und hat die Bundesagentur für Arbeit nach § 39 AufenthG zugestimmt oder ist durch die BeschV bestimmt, dass die Beschäftigung ohne Zustimmung der Bundesagentur für Arbeit zulässig ist, berechtigt dies nur zur Ausübung einer von der anzuerkennenden Berufsqualifikation unabhängigen Beschäftigung bis zu zehn Stunden je Woche, § 16d Abs. 4 S. 3 AufenthG. Ein Ausländer, dem eine Aufenthaltserlaubnis zum **Ablegen von Prüfungen zur Anerkennung seiner ausländischen Berufsqualifikation** erteilt wurde, darf keiner von der Qualifizierungsmaßnahme unabhängigen Beschäftigung nachgehen, § 16d Abs. 5 S. 2 AufenthG.

Zur Stellensuche eingereiste Fachkräfte dürfen mit ihrer Aufenthaltserlaubnis nur Probebeschäftigungen, zu deren Ausübung sie durch ihre Qualifikation befähigt sind im Umfang von bis zu zehn Stunden je Woche ausüben, § 20 Abs. 1 S. 4 AufenthG, sie sind somit gegenüber im Inland ausgebildeten Fachkräften benachteiligt.

3.3.2.2 Aufenthaltserlaubnis zum Zweck der Erwerbstätigkeit

In Abschnitt 4 AufenthG (§§ 18–21 AufenthG), der das Fachkräfteeinwanderungsgesetz 2019 umsetzt, ist unter anderem der Aufenthalt von ausländischen **Fachkräften zum Zweck der Erwerbstätigkeit** geregelt. Die Erteilung eines der in Abschnitt 4 AufenthG geregelten Aufenthaltstitels setzt jeweils voraus, dass die Bundesagentur für Arbeit nach § 39 AufenthG der Erteilung des Aufenthaltstitels zugestimmt hat oder dass durch Gesetz, zwischenstaatliche Vereinbarung oder durch die BeschäftigungsV bestimmt ist, dass die Ausübung der Beschäftigung ohne Zustimmung der Bundesagentur für Arbeit zulässig ist, § 18 Abs. 2 Nr. 2 AufenthG. Damit liegt in sämtlichen Fällen, in denen eine Aufenthaltserlaubnis nach Abschnitt 4 AufenthG vorliegt, zugleich eine Erlaubnis der zumindest unselbständigen Erwerbstätigkeit. So z. B. für Fachkräfte mit Berufsausbildung zu einer Tätigkeit, zu der sie ihre Ausbildung befähigt, § 18a AufenthG; für Fachkräfte mit akademischer Ausbildung zu einer Tätigkeit, die ihrer Qualifikation entspricht, § 18b Abs. 1 AufenthG; für Forscher zur Aufnahme der Forschungstätigkeit und zur Aufnahme von Lehrtätigkeiten, § 18d Abs. 5 S. 1 AufenthG; oder qualifiziert Geduldete zu einer qualifikationsentsprechenden Tätigkeit, § 19d Abs. 1 AufenthG.

Fachkräften kann eine Niederlassungserlaubnis gem. § 9 AufenthG erteilt werden, § 18c AufenthG. In diesen Fällen kann dann selbstständigen und unselbstständigen Beschäftigungen nachgegangen werden; es sei denn, es liegt ein gesetzliches Verbot vor, § 4a Abs. 1 S. 1 AufenthG.

Eine Aufenthaltserlaubnis kann aber auch Ausländern erteilt werden, die keine Fachkraft sind. Z. B. wenn die BeschV oder eine zwischenstaatliche Vereinbarung bestimmen, dass der Ausländer zur Ausübung dieser Beschäftigung zugelassen werden kann, § 19c Abs. 1 AufenthG. Ferner Ausländern mit ausgeprägten berufspraktischen Kenntnissen, wenn die Beschäftigungsverordnung bestimmt, dass der Ausländer zur Ausübung einer bestimmten Beschäftigung zugelassen werden kann, § 19c Abs. 2 AufenthG. Schließlich auch dann, wenn an der Beschäftigung des Ausländers ein öffentliches, insbesondere ein regionales, wirtschaftliches oder arbeitsmarktpolitisches Interesse besteht, § 19c Abs. 3 AufenthG. Letzteres dürfte derzeit z. B. bei Kraftfahrern der Fall sein. Wird eine solche Aufenthaltserlaubnis erteilt, ist damit jeweils die Erwerbstätigkeit gestattet.

Die **Aufenthaltserlaubnis zur Ausübung einer selbstständigen Tätigkeit** gem. § 21 AufenthG beinhaltet denknotwendig die Erlaubnis zur Ausübung dieser selbstständigen Tätigkeit. Die Arbeitsagentur wirkt mangels Zuständigkeit nicht mit, sodass keine Arbeitsmarktprüfung stattfindet. Unselbständige Tätigkeiten sind von dieser Aufenthaltserlaubnis nicht umfasst.

In den jeweiligen Aufenthaltstitel wird die konkret erlaubte Erwerbstätigkeit eingetragen, z. B. „Beschäftigung in der A-Klinik in Frankfurt am Main als Facharzt für Kardiologie erlaubt".

3.3.2.3 Aufenthalterlaubnis aus völkerrechtlichen, humanitären oder politischen Gründen

In Abschnitt 5 AufenthG (§§ 22–26 AufenthG) ist der Aufenthalt aus völker-rechtlichen, humanitären oder politischen Gründen geregelt.

Ausländern kann eine **Aufenthaltserlaubnis aus völkerrechtlichen oder drin-genden humanitären Gründen** in individuellen Fällen erteilt werden, § 22 S. 1 AufenthG. Die Erteilung einer solchen Aufenthaltserlaubnis wird derzeit für rus-sische Oppositionelle erwogen. Da kein einschlägiges Verbotsgesetz im Sinne des § 4a Abs. 1 AufenthG besteht, berechtigt die Aufenthaltserlaubnis gem. § 22 AufenthG zur Ausübung von sowohl unselbständiger als auch selbständiger Erwerbstätigkeit.

Eine **Aufenthaltserlaubnis durch die obersten Landesbehörden, bei beson-ders gelagerten politischen Interessen und zur Neuansiedlung von Schutzsu-chenden** gem. § 23 AufenthG wird im Gegensatz zur Aufenthaltserlaubnis gem. § 22 AufenthG in Fällen erteilt, in denen Gruppen betroffen sind. Die weitere Besonderheit liegt darin, dass § 23 AufenthG den Länderbehörden eine eigene Aufnahmebefugnis verleiht. Erlässt die oberste Landesbehörde eine Anordnung, dass Ausländern aus bestimmten Staaten oder ins sonstiger Weise bestimmten Ausländergruppen eine Aufenthaltserlaubnis erteilt wird, ist diese Anordnung für sämtliche anderen Behörden bindend. Wertungswidersprüche werden dadurch vermieden, dass mit dem Bundesministerium des Innern, für Bau und Heimat Ein-vernehmen zur Wahrung der Bundeseinheitlichkeit erzielt wird, § 23 Abs. 1 S. 3 AufenthG. Hinsichtlich der Erlaubnis der Erwerbstätigkeit ist die gesetzliche Regelung missverständlich: Zwar soll die Aufenthaltserlaubnis ausdrücklich nicht zur Erwerbstätigkeit berechtigen, § 23 Abs. 1 S. 4 1. Hs. AufenthG. Die Anordnung durch die oberste Landesbehörde kann aber vorsehen, dass die Auf-enthaltserlaubnis die Erwerbstätigkeit erlaubt oder sie nach § 4a Abs. 1 AufenthG erlaubt werden kann, § 23 Abs. 1 S. 4 2. Hs. AufenthG. Da § 4a Abs. 1 Auf-enthG wiederum nur vorsieht, dass eine Erwerbstätigkeit ausgeübt werden kann, soweit kein Verbot besteht, ist auch im Fall der Aufenthaltserlaubnis gem. § 23 AufenthG die unselbständige und selbständige Erwerbstätigkeit erlaubt.

Die **Aufenthaltsgewährung in Härtefällen** gem. § 23a AufenthG berechtigt immer zur Aufnahme einer unselbstständigen Beschäftigung. Einer Zustimmung

der Bundesagentur für Arbeit bedarf es nicht, § 31 BeschV. Für die Ausübung einer selbstständigen Beschäftigung bedarf es jedoch der Zustimmung der
Ausländerbehörde, § 21 Abs. 6 AufenthG.

Eine **Aufenthaltsgewährung zum vorübergehenden Schutz** gem. § 24 AufenthG ist ein Aufenthaltstitel, der zur Umsetzung der sog. Massenzustrom-Richt-
linie 2001/55/EG (Richtlinie 2001/55/EG des Rates vom 20. Juli 2001 über
Mindestnormen für die Gewährung vorübergehenden Schutzes im Falle eines
Massenzustroms von Vertriebenen und Maßnahmen zur Förderung einer ausge-
wogenen Verteilung der Belastungen, die mit der Aufnahme dieser Personen und
den Folgen dieser Aufnahme verbunden sind, auf die Mitgliedstaaten) geschaffen
wurde. Wird durch den Rat der Europäischen Union durch Mehrheitsbeschluss
gem. Art. 5 Abs. 1 RL 2001/55/EG festgestellt, dass ein Massenzustrom vorliegt,
wird die Regelung des § 24 AufenthG aktiviert, um eine möglichst schnelle und
sachgerechte Betreuung der Betroffenen zu ermöglichen. In den beinahe 21 Jahren seit Bestehen der RL 2001/55/EG ist dies nun am 04. März 2022 erstmals
anlässlich des russischen Überfalls auf die Ukraine erfolgt (vgl. zu den Einzelheiten unten 3.9). Eine Aufenthaltserlaubnis gem. § 24 AufenthG berechtigt nicht
automatisch zur Aufnahme einer unselbständigen oder selbständigen Beschäftigung, sie muss deshalb beantragt werden. Während die Genehmigung einer
unselbständigen Tätigkeit im Ermessen der Behörde steht, darf die Ausübung
einer selbstständigen Tätigkeit nicht versagt werden, § 24 Abs. 6 S. 1 AufenthG.

Die Regelung der **Aufenthaltserlaubnis aus humanitären Gründen** gem.
§ 25 AufenthG umfasst mehrere Fallgruppen, die sich hinsichtlich der Erlaubnis der Erwerbstätigkeit unterscheiden. Eine Aufenthaltserlaubnis für anerkannte
Asylberechtigte iSv Art. 16a GG und § 2 AsylG gem. § 25 Abs. 1 AufenthG
und für Flüchtlinge im Sinn der Genfer Flüchtlingskonvention und subsidiär
Schutzberechtigte gem. § 25 Abs. 2 AufenthG berechtigt zu unselbständiger
und selbständiger Erwerbstätigkeit. Auch Inhaber einer Aufenthaltserlaubnis in
Fällen von Abschiebungshindernissen sind automatisch zu unselbständiger und
selbständiger Erwerbstätigkeit berechtigt, § 25 Abs. 3 AufenthG. Die Aufenthaltserlaubnis zum vorübergehenden Aufenthalt gem. § 25 Abs. 4 S. 1 AufenthG und
die wegen einer außergewöhnlichen Härte verlängerte Aufenthaltserlaubnis gem.
§ 25 Abs. 4 S. 2 AufenthG berechtigen nicht automatisch zur Ausübung einer
unselbständigen oder selbständigen Tätigkeit, solche Tätigkeiten können aber
erlaubt werden, § 25 Abs. 4 S. 3 AufenthG. Aufenthaltserlaubnisse für Opfer von
Menschenhandel gem. § 25 Abs. 4a AufenthG und illegaler Beschäftigung gem.
§ 25 Abs. 4b AufenthG berechtigen nicht automatisch zur Ausübung einer unselbständigen oder selbständigen Tätigkeit, solche Tätigkeiten können aber erlaubt
werden, § 25 Abs. 4a S. 4 AufenthG bzw. § 25 Abs. 4b S. 4 AufenthG. Ist die

Ausreise eines vollziehbar ausreisepflichtigen Ausländers aus tatsächlichen oder rechtlichen Gründen nicht möglich, wird eine Aufenthaltserlaubnis gem. § 25 Abs. 5 AufenthG, die nicht automatisch zur Ausübung einer unselbständigen oder selbständigen Tätigkeit berechtigt, solche Tätigkeiten können aber erlaubt werden.

Die **Aufenthaltsgewährung bei gut integrierten Jugendlichen und Heranwachsenden** gem. § 25a AufenthG bzw. bei **nachhaltiger Integration** gem. § 25b AufenthG beinhaltet die Berechtigung zur Ausübung von sowohl unselbstständiger als auch selbstständiger Beschäftigung.

3.3.2.4 Aufenthalterlaubnis aus familiären Gründen

Aufenthaltserlaubnisse aus familiären Gründen gem. den §§ 27 ff. AufenthG, die für ausländische Familienangehörige von Deutschen (§ 27 AufenthG), ausländische Ehegatten bzw. eingetragene Lebenspartner von Deutschen (§ 30 AufenthG), ausländische Ehegatten nach Aufhebung der ehelichen Ehegemeinschaft (§ 31 AufenthG), minderjährige Kinder von Ausländern (§§ 32–35 AufenthG) und Eltern und sonstige Angehörige von Ausländern (§ 36 AufenthG) erteilt werden, berechtigen nach der Grundregel des § 4a AufenthG stets zur Ausübung selbstständiger und unselbstständiger Beschäftigungen, es sei denn, es besteht ein ausdrückliches Verbot. Eine Arbeitsmarktprüfung findet nicht statt.

Die Aufenthaltserlaubnis wegen des **Rechts auf Wiederkehr** gem. § 37 Abs. 1 AufenthG beinhaltet die Erlaubnis, einer selbstständigen oder unselbstständigen Beschäftigung nachzugehen, § 37 Abs. 1 S. 2 AufenthG. Eine Arbeitsmarktprüfung findet nicht statt.

3.3.2.5 Besondere Aufenthaltsrechte

Die Aufenthaltserlaubnis für **ehemalige Deutsche** gem. § 38 AufenthG ermächtigt stets zur Aufnahme einer selbstständigen oder unselbstständigen Beschäftigung, § 38 Abs. 4 S. 1 AufenthG. Eine Arbeitsmarktprüfung findet nicht statt.

Eine **Aufenthaltserlaubnis für in anderen Mitgliedstaaten der EU langfristig Aufenthaltsberechtigte** gem. § 38a AufenthG berechtigt immer zur Aufnahme einer Ausbildung, § 38a Abs. 3 S. 3 AufenthG. Für die Ausübung unselbstständiger Beschäftigungen im ersten Jahr des Aufenthalts bedarf es der Zustimmung der Bundesagentur für Arbeit, § 38a Abs. 3 S. 1 AufenthG. Es wird also eine Vorrangprüfung durchgeführt. Eine selbstständige Beschäftigung kann aber nur ausgeübt werden, wenn die Voraussetzungen der Aufenthaltserlaubnis zur Ausübung einer selbstständigen Tätigkeit gem. § 21 AufenthG erfüllt sind. Andernfalls bedarf die

Ausübung einer selbständigen Beschäftigung im ersten Jahr des Aufenthalts der Zustimmung der Ausländerbehörde.

3.3.2.6 Aufenthaltstitel zu nicht im AufenthG genannten Zwecken

Es ist jedoch auch möglich, eine Aufenthaltserlaubnis zu einem Zweck zu erteilen, der nicht im AufenthG genannt ist, § 7 Abs. 1 S. 3 AufenthG. Solche Zwecke können unterschiedlichster Art sein, hierunter fällt z. B. der Aufenthalt eines Kindsvaters zur Geburt seines deutschen Kindes in Deutschland, der Aufenthalt sehr vermögender Personen die in Deutschland von ihren Vermögenserträgen leben möchten usw. Eine Aufenthaltserlaubnis zu einem Zweck, der nicht im AufenthG genannt ist, berechtigt grundsätzlich nicht zur Ausübung einer Erwerbstätigkeit, eine Erwerbstätigkeit kann aber nach § 4a Abs. 1 AufenthG erlaubt werden, § 7 Abs. 1 S. 4 AufenthG.

3.3.3 Blaue Karte EU gem. § 18b Abs. 2 AufenthG

Die speziell für Hochqualifizierte geschaffene **Blaue Karte EU** gem. § 18b AufenthG wird nur **befristet** erteilt, und zwar bei der erstmaligen Erteilung auf eine Dauer von maximal vier Jahren. Sie berechtigt grundsätzlich nur zu der Aufnahme einer bestimmten, unselbstständigen Beschäftigung. Diese ist in der Nebenbestimmung zu der Blauen Karte zusammen mit dem Arbeitgeber dieser Beschäftigung vermerkt. Für einen Wechsel der Beschäftigung ist innerhalb der ersten beiden Jahre der Beschäftigung die Erlaubnis der Ausländerbehörde erforderlich, § 18b Abs. 2. S. 4 AufenthG. Die Blaue Karte EU wird ohne Zustimmung der Bundesagentur für Arbeit erteilt, wenn der Betroffene insbesondere ein Gehalt in Höhe von mindestens zwei Dritteln der jährlichen Bemessungsgrenze in der allgemeinen Rentenversicherung erhält, d. h. mindestens 56.400,00 EUR brutto pro Jahr (Stand 2022), § 18b Abs. 2 S. 1 AufenthG. Möchte und kann der Betroffene einen sog. Mangelberuf (derzeit Ingenieure, Akademiker u. vergleichbare Fachkräfte der Informations- u. Kommunikationstechnologie sowie Ärzte) ausüben, wird die Blaue Karte EU nur mit Zustimmung der Bundesagentur für Arbeit erteilt, § 18b Abs. 2 S. 2 AufenthG. Die Einkommensschwelle für die Erteilung einer Blauen Karte EU für die Ausübung eines Mangelberufs ist mit 52 % der jährlichen Bemessungsgrenze in der allgemeinen Rentenversicherung, d. h. mindestens 43.993,00 EUR brutto pro Jahr (Stand 2022), aber deutlich niedriger, § 18b Abs. 2 S. 2 AufenthG. Die Prüfung durch die Bundesagentur für Arbeit beschränkt sich gem. § 39 Abs. 2 AufenthG auf die Arbeitsbedingungen, eine Vorrangprüfung gem. § 39 Abs. 3 S. 3 AufenthG erfolgt nicht.

3.3.4 ICT-Karte gem. § 19 AufenthG und Mobiler-ICT-Karte gem. § 19b AufenthG

ICT-Karten gem. § 19 AufenthG bzw. Mobiler-ICT-Karten gem. § 19b AufenthG werden zum Zweck unternehmensinterner Transfers („intra-corporate transferees") an besonders qualifizierte Arbeitnehmer (Führungskräfte oder Spezialisten) von Unternehmen erteilt, deren Sitz außerhalb der Europäischen Union liegt. Diese Arbeitnehmer sind bereits arbeitsvertraglich an ihren außereuropäischen Arbeitgeber gebunden und sollen dies auch bleiben. Sie werden nur vorübergehend in Deutschland eingesetzt. Der wesentliche Unterschied zwischen der ICT-Karte gem. § 19 AufenthG und der Mobiler-ICT-Karte gem. § 19b AufenthG ist, dass ICT-Karten nur Ausländern erteilt werden, die sich außerhalb des Gebiets der Europäischen Union befinden, § 19 Abs. 5 AufenthG; Mobiler-ICT-Karten nur Ausländern erteilt werden, die bereits über einen Aufenthaltstitel für ein Land der Europäischen Union verfügen, § 19b Abs. 1 AufenthG.

3.3.5 Niederlassungserlaubnis gem. § 9 AufenthG

Die **Niederlassungserlaubnis** gem. § 9 AufenthG wird immer unbefristet erteilt und berechtigt ihren Inhaber stets zur Ausübung einer unselbstständigen oder selbstständigen Beschäftigung, § 9 Abs. 2 S. 1 Nr. 5 u. 6 AufenthG. Eine Zustimmung durch die Ausländerbehörde oder durch die Bundesagentur für Arbeit ist nicht erforderlich. Eine Arbeitsmarktprüfung wird nicht durchgeführt. Selbst die Tätigkeit als Leiharbeitnehmer ist gestattet. Der Inhaber der Niederlassungserlaubnis ist in dieser Hinsicht deutschen Staatsangehörigen gleichgestellt. Selbstverständlich gelten auch hier die aufenthaltsstatusunabhängigen einschlägigen Anforderungen an die Ausübung bestimmter Tätigkeiten wie z. B. der Abschluss bestimmter Ausbildungen oder das Absolvieren von Berufsexamina. Ob diese vorliegen, muss ggf. im Anerkennungsverfahren ermittelt werden (vgl. hierzu unten 5.1).

3.3.6 Daueraufenthaltserlaubnis – EU gem. § 9a AufenthG

Inhabern einer **Daueraufenthaltserlaubnis – EU** gem. § 9a AufenthG ist es automatisch erlaubt, einer selbstständigen oder unselbstständigen Beschäftigung nachzugehen. Selbst die Tätigkeit als Leiharbeitnehmer ist gestattet. Die Zustimmung durch die Ausländerbehörde oder durch die Bundesagentur für Arbeit ist nicht erforderlich. Eine Arbeitsmarktprüfung wird nicht durchgeführt. Die Daueraufenthaltserlaubnis – EU wird unbefristet erteilt und ist im Wesentlichen der Niederlassungserlaubnis gleichgestellt, § 9a Abs. 1 S. 3 AufenthG.

3.4 Erlöschen des Aufenthaltstitels und Folgen für die Gestattung der Erwerbstätigkeit

Ein Aufenthaltstitel erlischt nicht nur nach Ablauf seiner Geltungsdauer; zum Erlöschen kommt es auch bei dem Eintritt einer auflösenden Bedingung, der Rücknahme oder des Widerrufs des Aufenthaltstitels, der Ausweisung des Inhabers, der Bekanntgabe einer Abschiebungsanordnung, bei einer nicht nur vorübergehenden Ausreise, bei einer Wiedereinreise nach einem Zeitraum von mehr als sechs Monaten oder nach Ablauf einer von der Ausländerbehörde bestimmten Frist oder in bestimmten Fällen, falls nach Erteilung einer Aufenthaltserlaubnis aus völkerrechtlichen oder humanitären Gründen ein Asylantrag gestellt wird, § 51 Abs. 1 AufenthG. Mit Erlöschen des Aufenthaltstitels entfällt grundsätzlich die damit verknüpfte Berechtigung zur Ausübung einer selbstständigen oder unselbstständigen Beschäftigung.

3.5 Bloße Aufenthaltspapiere

Neben den vorgenannten Aufenthaltstiteln gibt es diverse, weitere Aufenthaltspapiere. Sie sind zwar keine Aufenthaltstitel, können aber einen Aufenthaltsstatus bzw. einen Aufenthaltstitel fingieren, einen Anspruch auf Erteilung eines Aufenthaltstitels begründen, bereits eine Arbeitsgenehmigung beinhalten oder aber die Beantragung einer Arbeitsgenehmigung ermöglichen. Ob eine – selbstständige oder unselbstständige – Beschäftigung gestattet ist, richtet sich dann nach dem jeweiligen – zum Teil fingierten – Aufenthaltsstatus, dem – zum Teil fingierten oder zu erteilenden – Aufenthaltstitel oder der Arbeitsgenehmigung. In jedem Fall ergibt sich aus dem jeweiligen Aufenthaltspapier, ob und wie der Inhaber zu der Aufnahme einer Beschäftigung berechtigt ist.

3.5.1   Fiktionsbescheinigungen gem. § 81 AufenthG

Eine der **Fiktionsbescheinigungen** gem. § 81 AufenthG führt dazu, dass ein Ausländer entweder so gestellt wird, als ob sein Aufenthalt erlaubt (Erlaubnisfiktion gem. § 81 Abs. 3 S. 1 AufenthG) bzw. rechtmäßig ist (Duldungsfiktion gem. § 81 Abs. 3 S. 2 AufenthG) oder als ob sein abgelaufener Aufenthaltstitel fortwirkt (Fortgeltungsfiktion gem. § 81 Abs. 4 AufenthG). Die **Erlaubnisfiktion** gem. § 81 Abs. 3 S. 1 AufenthG bewirkt, dass der Aufenthalt eines sich rechtmäßig in Deutschland aufhaltenden, aber nicht über einen Aufenthaltstitel verfügenden Ausländers so lange als erlaubt gilt, bis der beantragte Aufenthaltstitel erteilt wird. Ob in diesem Fall die Ausübung einer Beschäftigung erlaubt ist, richtet sich grundsätzlich danach, ob dies bereits nach seinem bisherigen Aufenthaltsstatus oder künftigen Aufenthaltsstatus erlaubt war oder nicht. Eine **Duldungsfiktion** gem. § 81 Abs. 3 S. 2 AufenthG führt zur Anwendung der Regelungen, die auch im Falle des Vorliegens einer Duldung gelten würden. Die **Fortgeltungsfiktion** gem. § 81 Abs. 4 AufenthG führt dazu, dass der bisherige Aufenthaltstitel mit all seinen Wirkungen so lange fortbesteht, bis die Ausländerbehörde über die Verlängerung des Aufenthaltstitel oder über die Erteilung eines anderen Aufenthaltstitels entschieden hat, Allgemeine Verwaltungsvorschrift 81.4.1.1 zu § 81 AufenthG.

3.5.2   Duldung gem. § 60a AufenthG ff.

Bei der **Duldung** handelt es sich um die vorübergehende Aussetzung der Abschiebung ausreisepflichtiger Ausländer, § 60a AufenthG. Für die Duldung ist kein fester Zeitraum vorgeschrieben, meist wird sie für einen Zeitraum von drei bis sechs Monaten erteilt. Die Erwerbstätigkeit ist Betroffenen grundsätzlich nicht gestattet, die Bundesagentur für Arbeit kann die Erwerbstätigkeit aber gem. § 60a Abs. 1 S. 2 AufenthG iVm § 23 Abs. 1 AufenthG und § 32 BeschV nach mindestens dreimonatigem Aufenthalt in Deutschland gestatten. In den Sonderfällen der **Beschäftigungsduldung** gem. § 60d AufenthG und der **Ausbildungsduldung** gem. § 60c AufenthG ist den Betroffenen die Fortführung ihrer unselbständigen Erwerbstätigkeit bzw. Ausbildung automatisch gestattet, da diese Duldungsformen das Bestehen eines sozialversicherungspflichtigen Beschäftigungsverhältnisses bzw. eines Ausbildungsverhältnisses voraussetzen und der Integrationsförderung dienen.

3.5.3 Aufenthaltsgestattung gem. § 55 AsylG

Die **Aufenthaltsgestattung** gem. § 55 AsylG ist kein Aufenthaltstitel. Sie ist ein gesetzliches Aufenthaltsrecht besonderer Art, das einem Asylsuchenden während der Dauer seines Asylverfahrens das Recht zum Aufenthalt verleiht. Sie wirkt nur deklaratorisch, nicht konstitutiv, d. h. sie gibt nur wieder, dass der Inhaber einen Asylantrag gestellt hat. Die Erwerbstätigkeit ist Betroffenen grundsätzlich nicht gestattet, die Bundesagentur für Arbeit kann die Erwerbstätigkeit aber gem. § 32 BeschV nach mindestens dreimonatigem Aufenthalt in Deutschland gestatten.

3.5.4 Bescheinigung über die Meldung als Asylsuchender gem. § 63a AsylG

Eine **Bescheinigung über die Meldung als Asylsuchender** („BüMA") wird üblicherweise noch vor Aussprache der Aufenthaltsgestattung ausgestellt. An ihr Vorhandensein werden keine anderen Rechtsfolgen geknüpft als an die Aufenthaltsgestattung.

3.5.5 Grenzübertrittsbescheinigung

Bei der **Grenzübertrittsbescheinigung** handelt es sich um eine formlose, im Gesetz nicht geregelte Bescheinigung, die nur zum Zweck ausgegeben wird, die Ausreise eines Ausländers aus Deutschland zu dokumentieren. An sie knüpfen keine aufenthaltsrechtlichen Befugnisse, schon gar nicht solche der Aufnahme einer Beschäftigung.

3.5.6 Asylanerkennung, Flüchtlingsanerkennung und subsidiärer Schutz

Wird ein Ausländer als **Asylberechtigter** im Sinne von Art. 16a GG und § 2 AsylG anerkannt, ist ihm eine Aufenthaltserlaubnis zu erteilen, § 25 Abs. 1 S. 1 AufenthG. Wird ein Ausländer als **Flüchtling** im Sinne der Genfer Flüchtlings-konvention gem. § 3 Abs. 1 AsylG anerkannt oder wird ihm **subsidiärer Schutz** gem. § 4 Abs. 1 AsylG zuteil, ist ihm ebenfalls eine Aufenthaltserlaubnis zu erteilen, § 25 Abs. 2 S. 1 AufenthG. Der Aufenthaltstitel in diesen Fällen ist jeweils erst die Aufenthaltserlaubnis, die zu unselbständiger und selbständiger Erwerbstätigkeit berechtigt.

3.6 Genehmigungsfreie Tätigkeiten

Grundsätzlich ist für die Aufnahme einer Ausbildung oder Beschäftigung die Zustimmung der Ausländerbehörde – ggf. unter behördeninterner Mitwirkung der Bundesagentur für Arbeit – erforderlich. Hiervon gibt es jedoch Ausnahmen:

3.6.1 Arbeitsgelegenheiten im Sinne des § 5 AsylbLG

Migranten können bzw. müssen nach Aufforderung bereits mit Eintreffen in Deutschland – ohne Berücksichtigung der dreimonatigen Sperre des § 61 Abs. 1 AsylG – **Arbeitsgelegenheiten im Sinne des** § 5 AsylbLG wahrnehmen. Hierbei handelt es sich um Tätigkeiten in Aufnahmeeinrichtungen für Flüchtlinge und sonstigen staatlichen, kommunalen oder gemeinnützigen Einrichtungen sodass die Einzelheiten für Arbeitgeber aus der Privatwirtschaft nicht relevant sind. Diese Tätigkeiten finden in Aufnahmeeinrichtungen, bei staatlichen, kommunalen und gemeinnützigen Trägern statt, werden minimal vergütet und führen nicht zu Ansprüchen in der gesetzlichen Kranken- und Rentenversicherung. Sie bedürfen hierzu weder der Zustimmung der Ausländerbehörde noch der Bundesagentur für Arbeit.

3.6.2 Hospitationen

Ferner bedürfen **Hospitationen** nicht der Zustimmung der Ausländerbehörde oder der Bundesagentur für Arbeit. Anders als im Rahmen von Praktika besuchen Hospitanten einen Betrieb nur als Gast, ohne in die betrieblichen Abläufe eingebunden zu werden oder gar Arbeitsleistungen zu erbringen. Hospitationen sind auch nicht anzeigebedürftig. Da die Grenze zwischen Hospitation und zustimmungspflichtigem Praktikum jedoch fließend ist, empfiehlt sich aus Vorsorgegesichtspunkten dennoch die Anzeige bei der zuständigen Ausländerbehörde.

3.6.3   Maßnahmen zur Aktivierung oder beruflichen Eingliederung im Sinne des § 45 SGB III

Maßnahmen zur Aktivierung oder beruflichen Eingliederung im Sinne des § 45 SGB III stehen Migranten nach mindestens dreimonatigem Aufenthalt in Deutschland offen. Sinn und Zweck ist es, das Vorliegen berufsfachlicher Kenntnisse zu prüfen und solche Kenntnisse im Bedarfsfall zu vermitteln. Diese Maßnahmen müssen bei der örtlich zuständigen Arbeitsagentur beantragt werden, eine Zustimmung der Ausländerbehörde ist nicht erforderlich. Es handelt sich dabei aber nicht um ein Beschäftigungsverhältnis, sondern um eine Maßnahme der Arbeitsagentur, die betrieblich für eine Maximaldauer von sechs Wochen durchgeführt wird, § 45 Abs. 2 SGB III.

3.7   Sonderfall Leiharbeit

Nach § 40 Abs. 1 Nr. 2 AufenthG ist die Zustimmung zur Ausländerbeschäftigung gem. § 39 AufenthG zu versagen, wenn der betroffene Ausländer als Leiharbeitnehmer tätig werden möchte. Wird ein Ausländer ohne erforderlichen Aufenthaltstitel oder Arbeitsgenehmigung zur Arbeitsleistung überlassen, ist dies gem. § 15 Abs. 1 AÜG strafbar. Dies betrifft aber nur die Fälle, in denen die Ausübung einer Beschäftigung der Zustimmung der Bundesagentur für Arbeit gem. § 39 AufenthG bedarf. In den Fällen, in denen die Zustimmung nicht erforderlich ist, kann ein Ausländer auch als Leiharbeitnehmer beschäftigt werden. Also z. B. in den Fällen der Daueraufenthaltserlaubnis – EU gem. § 9a AufenthG, nach dem ununterbrochen vierjährigen erlaubten, geduldeten oder gestatteten Aufenthalt im Bundesgebiet gem. § 32 Abs. 2 Nr. 5 BeschV.

3.8   Ausschluss Angehöriger sogenannter sicherer Herkunftsstaaten

Ausländer aus einem sicheren Herkunftsstaat im Sinne des § 29a AsylG sind verpflichtet, bis zur Entscheidung über ihren Asylantrag bzw. im Fall der Ablehnung ihres Asylantrags bis zur Ausreise oder bis zum Vollzug der Abschiebungsandrohung oder -anordnung in der für sie zuständigen Aufnahmeeinrichtung zu leben, § 47 Abs. 1a AsylG. Sie dürfen weder eine Erwerbstätigkeit ausüben noch einer Ausbildung nachgehen, § 61 Abs. 1 AsylG. Diese Regelung soll verhindern, dass eine – in diesen Fällen wahrscheinliche – Abschiebung durch eine Erwerbstätigkeit erschwert wird. Sichere Herkunftsstaaten im Sinne des § 29a AsylG in Verbindung mit Anlage II (zu § 29a AsylG) sind die Mitgliedsstaaten der EU, Albanien, Bosnien und Herzegowina, Ghana, Kosovo, Mazedonien, ehemalige jugoslawische Republik, Montenegro, Senegal und Serbien.

3.9   Besonderheiten für von dem Krieg gegen die Ukraine Betroffene

Das von dem russischen Überfall auf die Ukraine vom 24. Februar 2022 verursachte menschliche Leid stellt unter anderem Europa und Deutschland vor ganz erhebliche Herausforderungen, denen mit einigen besonderen Instrumenten begegnet werden soll.

3.9.1   Anspruch auf Aufenthaltsgewährung zum vorübergehenden Schutz gem. § 24 AufenthG

Zunächst wurde durch Beschluss des Rates der Europäischen Union vom 04. März 2022 gem. Art. 5 Abs. 1 RL 2001/55/EG (Durchführungsbeschluss) festgestellt, dass ein Massenzustrom vorliegt und die Regelung des § 24 AufenthG aktiviert, sodass Betroffenen der Aufenthaltstitel der **Aufenthaltsgewährung zum vorübergehenden Schutz** gem. § 24 AufenthG erteilt werden kann (vgl. oben 3.3.2.3.). Dass ein solcher Aufenthaltstitel beantragt werden kann, schließt aber nicht aus, dass berechtigte Betroffene stattdessen einen anderen Aufenthaltstitel beantragen, z. B. eine **Aufenthaltserlaubnis gem. §§ 18 ff. AufenthG zum Zweck der Ausübung einer Beschäftigung** (vgl. oben 3.3.2.2).

3.9.2   Vorübergehende Entbehrlichkeit von Visum und Aufenthaltstitel gem. Ukraine-Aufenthalts-Übergangsverordnung (UkraineAufenthÜV)

Zudem wurde am 07. März 2022 die Verordnung zur vorübergehenden Befreiung vom Erfordernis eines Aufenthaltstitels von anlässlich des Krieges in der Ukraine eingereisten Personen (Ukraine-Aufenthalts-Übergangsverordnung/UkraineAufenthÜV) erlassen. Diese galt zunächst bis zum 23. Mai 2022, wurde aber wegen der russischen Eskalation des Kriegs gegen die Ukraine zunächst bis zum 31. August 2022 verlängert. Es steht zu befürchten, dass eine weitere Verlängerung erforderlich werden wird. § 2 UkraineAufenthÜV sieht unter anderem vor, dass unter bestimmten Voraussetzungen kein Visum für die Einreise und kein Aufenthaltstitel für den Aufenthalt erforderlich ist. Dies gilt für alle Ausländer, d. h. nicht nur für ukrainische Staatsbürger, die sich am 24. Februar 2022 in der Ukraine aufgehalten haben und bis zum 31. August 2022 nach Deutschland einreisen werden, § 2 Abs. 1 UkraineAufenthÜV. Weiter gilt die Möglichkeit der visumsfreien Einreise und des aufenthaltstitelfreien Aufenthalts für ukrainische Staatsangehörige die am 24. Februar 2022 einen Wohnsitz oder ihren gewöhnlichen Aufenthalt in der Ukraine hatten, aber die sich zu diesem Zeitpunkt vorübergehend nicht in der Ukraine aufgehalten haben und die bis zum 31. August 2022 nach Deutschland einreisen werden und für in der Ukraine anerkannte Flüchtlinge im Sinne der Genfer Flüchtlinkgskonvention und Personen, die in der Ukraine internationalen oder gleichwertigen nationalen Schutz genießen, § 2 Abs. 2 UkraineAufenthÜV. Schließlich sind ukrainische Staatsangehörige, die sich am 24. Februar 2022 bereits rechtmäßig im Bundesgebiet aufgehalten haben, ohne den für einen langfristigen Aufenthalt im Bundesgebiet erforderlichen Aufenthaltstitel zu besitzen, erfasst, § 2 Abs. 3 UkraineAufenthÜV. Selbstverständlich steht es Menschen, die unter die vorgenannten Ausnahmeregelungen fallen aber frei, einen Aufenthaltstitel beantragen.

3.9.3   Durchführungshinweise des Bundesministeriums des Innern und für Heimat (BMI) vom 14. März 2022 zur Umsetzung des Durchführungsbeschlusses des Rates der Europäischen Union vom 04. März 2022

Das Bundesministerium des Innern und für Heimat hat den Ländern mit Rundschreiben vom 14. März 2022 Hinweise zur Anwendung von § 24 AufenthG erteilt. Diese sehen unter anderem vor, dass nach Beantragung der Aufenthaltsgewährung zum vorübergehenden Schutz gem. § 24 AufenthG eine Fiktionsbescheinigung gem. § 81 Abs. 3 AufenthG erteilt wird, in der analog § 81 Abs. 5a AufenthG der Vermerk „Erwerbstätigkeit erlaubt" angebracht wird.

Gem. § 31 BeschV muss die Bundesagentur für Arbeit nicht zustimmen, wenn einem Ausländer mit einer Aufenthaltsgewährung zum vorübergehenden Schutz gem. § 24 AufenthG die Erwerbstätigkeit durch die Ausländerbehörde gestattet wird. Während die Genehmigung einer unselbständigen Tätigkeit im Ermessen der Ausländerbehörde steht, darf die Ausübung einer selbstständigen Tätigkeit nicht versagt werden, § 24 Abs. 6 S. 1 AufenthG.

3.9.4 Wahl des zutreffenden Aufenthaltstitels

Die verschiedenen in Betracht kommenden Aufenthaltstitel weisen Unterschiede auf, so dass es keine abstrakte Empfehlung eines bestimmten Aufenthaltstitels als „richtig" geben kann.

Die Aufenthaltsgewährung zum vorübergehenden Schutz gem. § 24 AufenthG hat z. B. den Vorteil, dass sie zu jeder Art von Erwerbstätigkeit berechtigt. Sie wird aber nur einem bestimmten Personenkreis gewährt; so haben z. B. Nicht-Ukrainer, die sich zwar am 24. Februar 2022 berechtigt als z. B. Gastarbeiter oder Studenten in der Ukraine aufhielten, die aber sicher und dauerhaft in ihr Herkunftsland zurückkehren können, keinen Anspruch auf die Aufenthaltsgewährung zum vorübergehenden Schutz gem. § 24 AufenthG. Diese Personen müssten daher eine Aufenthaltserlaubnis z. B. zum Zweck der Erwerbstätigkeit gem. §§ 18 ff. AufenthG oder einer Ausbildung oder eines Studiums gem. §§ 16–17 AufenthG beantragen. Ein Nachteil einer Aufenthaltsgewährung zum vorübergehenden Schutz gem. § 24 AufenthG ist, dass den Betroffenen gem. § 24 Abs. 3–5 AufenthG ein Aufenthaltsort in Deutschland zugewiesen wird, an dem auch der Wohnort zu unterhalten ist. Zwar ist der zugewiesene Aufenthaltsort unter bestimmten Voraussetzungen änderbar, je nach zugewiesenem Aufenthaltsort kann die Aufnahme einer hochqualifizierten Beschäftigung aber zunächst einmal erheblich erschwert, wenn nicht sogar gänzlich vereitelt werden. Hier böte sich also eine Aufenthaltserlaubnis zum Zweck der Erwerbstätigkeit gem. §§ 18 ff. AufenthG an.

Auch wenn sich auf § 19f AufenthG eine andere Rechtsauffassung stützen lässt, ist das Bundesministeriums des Innern und für Heimat gem. Ziff. 8.2 Rundschreiben vom 14. März 2022 der Ansicht, dass auch nach Erteilung einer Aufenthaltsgewährung zum vorübergehenden Schutz gem. § 24 AufenthG bei Vorliegen der einschlägigen Voraussetzungen ein anderer Aufenthaltsstatus gewährt werden kann. Insbesondere können Ausländer, die Anspruch auf die Aufenthaltsgewährung zum vorübergehenden Schutz gem. § 24 AufenthG haben, auch Asyl beantragen. Dies hat aber Nachteile z. B. wegen des Verbots, einer Erwerbstätigkeit nachzugehen, der Pflicht, in einer Aufnahmeeinrichtung leben zu müssen (vgl. oben 3.5) oder auch schlicht einer längeren Verfahrensdauer.

Beteiligung der Bundesagentur für Arbeit

4

4.1 Mitwirkung an Aufenthaltstitel und Arbeitsgenehmigung

Aufenthaltstitel, die einem Ausländer die Ausübung einer Beschäftigung gestatten, wie z. B. die Niederlassungserlaubnis gem. § 9 AufenthG oder die Aufenthaltserlaubnis aus völkerrechtlichen oder dringenden humanitären Gründen gem. § 22 S. 1 AufenthG, können grundsätzlich nur mit der Zustimmung der Bundesagentur für Arbeit erteilt werden, es sei denn, die Zustimmung ist kraft Gesetzes, aufgrund der Beschäftigungverordnung oder einer Bestimmung in einer zwischenstaatlichen Vereinbarung entbehrlich, § 39 Abs. 1 S. 1 AufenthG. In den Fällen, in denen die Bundesagentur für Arbeit der Beschäftigung zustimmen muss, ergeht die Entscheidung gegenüber dem Betroffenen einheitlich und in behördeninterner Zusammenarbeit mit der Bundesagentur für Arbeit durch die Ausländerbehörde. Je nach Erforderlichkeit kann die Zustimmung auch mit Einschränkungen hinsichtlich der Dauer, der Art der auszuübenden Tätigkeit und des betrieblichen und räumlichen Bereichs erfolgen, vgl. § 4a Abs. 2 S. 2 AufenthG iVm §§ 34ff. BeschV.

4.2 Zustimmungsverfahren

4.2.1 Zustimmung zur Erteilung eines Aufenthaltstitels

Die Zustimmung der Bundesagentur für Arbeit zur Erteilung eines Aufenthaltstitels richtet sich nach den §§ 39–42 AufenthG in direkter Anwendung. Dabei wird danach differenziert, ob es um eine Zustimmung zur Beschäftigung einer

© Springer Fachmedien Wiesbaden GmbH, ein Teil von Springer Nature 2022
C. Gyo, *Beschäftigung von Flüchtlingen,* essentials,
https://doi.org/10.1007/978-3-658-37856-1_4

Fachkraft mit Berufs- oder akademischer Ausbildung geht oder ob es sich bei dem Betroffenen nicht um eine Fachkraft handelt. In jedem Fall ist ein konkretes Arbeitsplatzangebot erforderlich, weil dieses eben in die Prüfung durch die Bundesagentur für Arbeit einbezogen wird.

Der Zustimmung durch die Bundesagentur für Arbeit geht im Fall der Beschäftigung von Fachkräften mit Berufsausbildung gem. § 18a AufenthG und mit akademischer Ausbildung gem. 18b AufenthG eine Prüfung voraus, ob der Betroffene nicht zu schlechteren Arbeitsbedingungen als vergleichbare inländische Arbeitnehmer beschäftigt wird. Diese **Prüfung der Beschäftigungsbedingungen** soll sicherstellen, dass die Zwangslage von Ausländern nicht dadurch ausgenutzt wird, dass sie zu schlechteren Bedingungen beschäftigt werden als vergleichbare, deutsche Arbeitnehmer. Weiter wird geprüft, ob die erforderliche Qualifikation vorliegt, ob ggf. die Voraussetzungen für die Erteilung einer Blauen Karte gem. § 18b Abs. 2 AufenthG vorliegen, ob ein inländisches Beschäftigungsverhältnis vorliegt und ob ggf. nach der Beschäftigungsverordnung erforderliche Voraussetzungen erfüllt sind, § 39 Abs. 2 AufenthG. Eine Prüfung, ob die konkrete Stelle mit vorrangig zu berücksichtigenden Arbeitnehmern ("Vorrangprüfung") besetzt werden könnte, findet nicht statt.

Soweit es nicht um eine Beschäftigung als Fachkraft geht, prüft die Bundesagentur für Arbeit, ob der Betroffene nicht zu schlechteren Arbeitsbedingungen als vergleichbare inländische Arbeitnehmer beschäftigt wird, ob die Voraussetzungen für die Erteilung der ICT-Karte gem. § 19 AufenthG, der Mobiler-ICT-Karte gem. § 19b AufenthG, der Aufenthaltserlaubnis wegen eines öffentlichen Interesses an der Beschäftigung gem. § 19c Abs. 3 AufenthG oder der Aufenthaltserlaubnis für qualifizierte Geduldete zum Zweck der Beschäftigung bestehen und, soweit dies von der Beschäftigungsverordnung oder einem anderen Gesetz vorgesehen ist, ob es keine vorrangig zu berücksichtigenden Arbeitnehmer gibt ("Vorrangprüfung"), § 39 Abs. 3 AufenthG.

Das Aufenthaltsgesetz und die Beschäftigungsverordnung sehen eine **Vorrangprüfung** an verschiedenen Stellen und für verschiedene Personengruppen vor. So z. B. gem. § 38a Abs. 3 AufenthG für die Erteilung einer Aufenthaltserlaubnis für in anderen Mitgliedsstaaten der Europäischen Union langfristig Aufenthaltsberechtigte, gem. § 11 Abs. 2 S. 1 BeschV für Spezialitätenköche in Vollzeitbeschäftigung in Spezialitätenrestaurants, gem. § 15b BeschV für Schaustellergehilfen, gem. § 25 BeschV für künstlerische und artistische Beschäftigung, gem. § 26 Abs. 1 u. 2 BeschV für Personen aus Andorra, Australien, Israel, Japan, Kanada, der Republik Korea, Monaco, Neuseeland, San Marino sowie den Vereinigten Staaten von Amerika, außerdem von Albanien, Bosnien und Herzegowina, Kosovo, Mazedonien, Montenegro und Serbien oder gem. § 32 Abs. 1 BeschV für Personen mit Duldung oder Aufenthaltsgestattung. Im Rahmen dieser Vorrangprüfung untersucht die Bundesagentur für Arbeit ob für eine konkrete Stelle Bewerber aus Deutschland, der EU oder Ausländer mit dauerhaftem Aufenthaltsstatus vorrangig zu berücksichtigen sind – hierzu reicht bereits eine theoretische Besetzungsmöglichkeit – und ob die Einstellung eines Migranten negative Auswirkungen auf den Arbeitsmarkt erwarten lässt. Dieses Instrument ist nach der hier vertretenen Ansicht fragwürdig. Die Entscheidung, eine vakante Stelle mit einem Migranten zu besetzen, der weder Deutscher, EU-Ausländer oder dauerhaft Aufenthaltsberechtigter ist, ist am zweckmäßigsten durch den Arbeitgeber und nicht durch eine Behörde zu treffen. Davon abgesehen kann diese Entscheidung als Betätigung der durch Art. 12 und 14 GG geschützten Unternehmerfreiheit bestenfalls der Kontrolle auf offensichtlichen Missbrauch unterliegen.

Das vorstehend dargestellte Zustimmungsverfahren wird von der Bundesagentur für Arbeit auf Veranlassung durch die zuständige Ausländerbehörde in Gang gesetzt. Weil die Bundesagentur für Arbeit nur intern an der nach außen kundgegebenen Entscheidung der Ausländerbehörde mitwirkt, muss sich die gerichtliche Überprüfung einer Zustimmungsverweigerung gegen die Maßnahme der Ausländerbehörde richten.

4.2.2 Zustimmung zur Erteilung einer Arbeitsgenehmigung

Für Fälle, in denen lediglich eine Arbeitsgenehmigung, aber kein Aufenthaltstitel erteilt wird, verweisen § 61 Abs. 2 S. 3 AsylG bzw. § 32 Abs. 1 S. 2 BeschV auf die Anwendung der §§ 39–42 AufenthG (vgl. oben 4.2.1).

Durchführung des Beschäftigungsverhältnisses

Grundsätzlich wird bei der Durchführung eines Ausbildungs- oder Beschäftigungsverhältnisses schon wegen der Konkretisierung des verfassungsrechtlichen Gleichbehandlungsgrundsatzes des Art. 3 GG in §§ 1 ff. AGG unter anderem nicht nach der Herkunft, der Religion, der Weltanschauung oder der sogenannten „Rasse" differenziert. Gleichwohl bestehen schon wegen der vorstehend dargestellten Besonderheiten des Aufenthalts- und Arbeitsgenehmigungsrechts Abweichungen zur Ausbildung und Beschäftigung deutscher Staatsangehöriger. Es kommt hinzu, dass die Beschäftigung von Migranten aus nicht christlich geprägten Ländern zu der Zunahme der Konflikte über Bekleidungsvorschriften, Gebetspausen etc. führt. Diese Konflikte bestehen bereits jetzt. Sie werden aber zunehmen, da Migration – auch wenn dies momentan durch den Krieg in der Ukraine anders aussehen mag – vorwiegend aus Ländern erfolgt, die nicht christlich geprägt sind. Ferner müssen Ausbilder bzw. Arbeitgeber in gewisser Hinsicht Rücksicht auf die Bedürfnisse derjenigen Arbeitnehmer nehmen, die oder die der deutschen Sprache nicht ausreichend mächtig sind.

5.1 Vor Beginn der Beschäftigung

5.1.1 Klärung der erforderlichen Qualifikation, Durchführung von Qualifikationsmaßnahmen

Vor Aufnahme einer Beschäftigung ist in **faktischer Hinsicht** zu prüfen, ob der Betroffene überhaupt das Stellenanforderungsprofil erfüllt oder ob noch eine Nachqualifikation erforderlich ist. Zunächst geht es einmal um ausreichende Sprachkenntnisse, außerdem aber um die berufliche Qualifikation. Selbsteinschätzungen des Betroffenen zu seiner beruflichen Qualifikation sind wegen

© Springer Fachmedien Wiesbaden GmbH, ein Teil von Springer Nature 2022   31
C. Gyo, *Beschäftigung von Flüchtlingen,* essentials,
https://doi.org/10.1007/978-3-658-37856-1_5

dessen regelmäßig fehlender Kenntnis des deutschen Ausbildungssystems und der tatsächlichen Anforderungen des konkreten Arbeitsplatzes nicht verlässlich. Ausländische Ausbildungs- oder Studienabschlüsse sind – sofern sie überhaupt mit entsprechenden Unterlagen nachweisbar sind – wegen inhaltlicher Unterschiede der jeweiligen Ausbildungs- oder Studienordnungen selten mit inländischen Abschlüssen vergleichbar. Aus diesem Grund sollte sich der Betroffene frühzeitig um die Übersetzung seiner Ausbildungszeugnisse und um deren Anerkennung bemühen. Die für die Anerkennung von Schul-, Hochschulabschlüssen und Berufsexamina zuständige Stelle ist die bei der Kultusministerkonferenz angesiedelte Zentralstelle für ausländisches Bildungswesen (ZAB) die unter https://anabin.kmk.org/anabin.html eine Datenbank mit Informationen zur Bewertung ausländischer Bildungsnachweise bereitstellt. Für Migranten, die ihre Hochschulausbildung noch nicht abgeschlossen haben, bieten Universitäten wie z. B. die Frankfurter Goethe Universität, Hochschulgemeinden, Stiftungen etc. vielgestaltige Hilfestellungen wie z. B. die Teilnahme an Sprachkursen, Propädeutika, Zugang zu Hochschulrechenzentren, Bibliotheken, Nahverkehrstickets, Mensen, psychosozialen Beratungsstellen usw.

Geht es um die Anerkennung von Abschlusszeugnissen staatlich anerkannter Ausbildungsberufe sind je nach Ausbildungsberuf die Industrie- und Handelskammern; die Handwerkskammern; die Landwirtschaftskammern; die Rechtsanwalts-, Patentanwalts- und die Notarkammern; die Wirtschaftsprüfer- und die Steuerberaterkammern; oder die Ärzte-, Zahnärzte-, Tierärzte- und die Apothekerkammern zu konsultieren, § 8 Abs. 1 Nr. 1 -6 BQFG. In allen anderen Fällen bestimmen die Länder oder die oberste Bundesbehörde die zuständige Stelle für die Durchführung des Anerkennungsverfahrens, § 8 Abs. 2 -5 BQFG. Sollten im Rahmen des Anerkennungsverfahrens Defizite zu Tage gefördert werden, besteht z. B. die Möglichkeit, die im Rahmen des Förderprogramms „Integration durch Qualifizierung – IQ" der Bundesagentur für Arbeit angebotene Anerkennungs- und Qualifizierungsberatung in Anspruch zu nehmen und ggf. Maßnahmen der Ergänzungsqualifizierung in Anspruch zu nehmen.

5.1.2 Prüfung von Aufenthaltsstatus und Arbeitsgenehmigung und Dokumentationspflichten

In **rechtlicher Hinsicht** ist der Arbeitgeber dazu verpflichtet, die Aufenthaltserlaubnis und Arbeitsgenehmigung des Kandidaten zu prüfen, § 4a Abs. 5 AufenthG. Aus diesen ergibt sich jeweils, welche Art von Beschäftigung der Inhaber ausüben darf und ob diese Gestattung befristet oder unbefristet ist. Sofern der

Betroffene keiner Beschäftigung nachgehen darf, ist zumindest eine **Hospitation** zulässig, in deren Rahmen allerdings keine Arbeitsleistung von wirtschaftlichem Wert erbracht werden darf. Es geht bei einer Hospitation eher um eine Art „Einfühlung" in betriebliche Abläufe, für die auch keine Vergütung gezahlt werden darf. Der Arbeitgeber kann sich aber nicht auf den Inhalt von Aufenthaltserlaubnis und Arbeitsgenehmigung allein verlassen, er sollte sicherheitshalber auch überprüfen, ob der Kandidat aus einem sicheren Herkunftsstaat kommt und schon alleine aus diesem Grund keiner Beschäftigung nachgehen darf (vgl. oben 3.8).

Für die Dauer der Beschäftigung oder Ausbildung muss der Arbeitgeber Kopien der Aufenthaltserlaubnis und Arbeitsgenehmigung in schriftlicher oder elektronischer Form aufbewahren, § 4a Abs. 5 AufenthG. Wegen etwaiger Befristungen des Aufenthaltsstatus oder einer Arbeitsgenehmigung ist dringend anzuraten, diesbezüglich einen Wiedervorlagerhythmus einzuhalten. Dies soll nicht nur die Rechtssicherheit etwaiger Befristungen des Beschäftigungsverhältnisses gewähren, sondern dient vor allem der **Vermeidung von Ordnungswidrigkeiten und Straftaten** durch den Arbeitgeber. Beschäftigt ein Arbeitgeber nämlich einen Ausländer, ohne dass dieser zur Ausübung einer Beschäftigung berechtigt ist, begeht der Arbeitgeber hierdurch eine Ordnungswidrigkeit, § 404 Abs. 2 Nr. 3 SGB III. Diese kann mit einer Geldbuße in Höhe von bis 500.000,00 EUR geahndet werden, § 404 Abs. 3 SGB III. Derart hohe Geldbußen werden jedoch nicht im Fall eines ersten Verstoßes verhängt, sondern als letztes Mittel, wenn sich der betroffene Arbeitgeber durch eine Mehrzahl nicht nur geringfügiger Verstöße als unbelehrbar erwiesen hat. Erfolgt die Beschäftigung eines Migranten, ohne dass dieser zum Aufenthalt oder zur Ausübung einer Beschäftigung berechtigt ist, allerdings vorsätzlich zu auffällig schlechteren Bedingungen als sie für vergleichbare deutsche Arbeitnehmer gelten, besteht sogar das Risiko der Strafbarkeit gem. § 10 SchwarzArbG, die in besonders schweren Fällen mit Freiheitsstrafe bis zu fünf Jahren geahndet werden kann. Durch diese hohe Strafandrohung sollen – mangels ausreichender Erlaubnis – besonders schutzbedürftige Migranten vor Ausbeutung geschützt werden. Die Beschäftigung einer größeren Zahl von nicht zum Aufenthalt oder zur Ausübung einer Beschäftigung berechtigten Migranten oder von minderjährigen Migranten ist ebenfalls eine Straftat, die mit einer Freiheitsstrafe von bis zu maximal drei Jahren geahndet werden kann, § 11 SchwarzArbG.

Die Sanktionen für die unerlaubte Beschäftigung von Migranten erschöpfen sich nicht in der Verhängung von Bußgeldern, Geldstrafen oder gar Freiheitsstrafen. Unternehmer riskieren zudem den **Ausschluss von der Gewährung von Subventionen,** § 98b AufenthG.

Je nach Branche kann die Möglichkeit, gem. § 98c AufenthG die unerlaubte Beschäftigung von Migranten durch den **Ausschluss von der Vergabe
öffentlicher Aufträge** zu sanktionieren, existenzbedrohend wirken.

Sanktionen sind aber nicht nur auf Unternehmer beschränkt, die Migranten
unerlaubt beschäftigen. Durch das Institut der **Auftraggeberhaftung gem.** § 98a
AufenthG besteht die Möglichkeit, Auftraggeber von Unternehmen, die illegal
beschäftigten Migranten nicht die übliche Vergütung zahlen, zur Leistung dieser
Vergütung heranzuziehen, § 98a Abs. 3, 4 AufenthG. Der Unternehmer haftet
in diesem Fall wie ein Bürge, der auf die Einrede der Vorausklage verzichtet
hat. Dies bedeutet, dass der Unternehmer dem zu niedrig bezahlten Migranten
genauso haftet, wie der den Migranten unerlaubt beschäftigende Arbeitgeber. Vor
dieser weitgehenden Haftung kann sich der Auftraggeber nur durch sorgfältige
Überprüfung des von ihm beauftragten Unternehmers schützen. Das Prüfpro-
gramm und die Prüfintensität richten sich nach den Umständen des Einzelfalls.
In neuralgischen Branchen wie z. B. dem Baugewerbe sind die Anforderungen höher als in eher unverfänglichen Branchen wie z. B. dem Verlagswesen.
Daneben kommt es darauf an, wie einfach oder schwer sich der Auftraggeber
von einer etwaigen illegalen Beschäftigung von Migranten überzeugen konnte;
ob sich z. B. Indizien für die illegale Beschäftigung von Migranten geradezu
aufgedrängt haben (Bergmann/Dienelt 2020, § 98a AufenthG Rn. 14). Einem
Auftraggeber ist daher geraten, sich nur dann auf schriftliche Zusicherungen
des Unternehmers zu verlassen, wenn ein Kontroll- und Aufsichtsmechanismus
für diese Zusicherungen besteht. Idealerweise führt der Auftraggeber regelmäßig eigene Nachforschungen und Stichproben bei dem beauftragen Unternehmer
durch (Bergmann/Dienelt 2020, § 98a AufenthG Rn. 14). In der Praxis kommt
es aber nur selten zur unerlaubten Beschäftigung von Migranten. Entgegenste-
hende Meldungen beruhen auf in hohem Maße angreifbaren Methoden (vgl.
z. B. DIE ZEIT vom 15.09.2016). Für die Anbahnung eines Beschäftigungs- oder
Ausbildungsverhältnisses ist das Vorhandensein eines Aufenthaltstitels oder einer
Arbeitsgenehmigung allerdings noch nicht erforderlich, im Rahmen der Prüfung
zur Erteilung eines Aufenthaltstitels bzw. einer Arbeitsgenehmigung wird ja idR
das konkrete Beschäftigungsangebot geprüft.

5.1.3 Vorvertragliches Fragerecht des Arbeitgebers

Dem Arbeitgeber bzw. Ausbilder steht ein **Fragerecht** nach dem Vorliegen
ausreichender Sprachkenntnisse und dem Vorhandensein eines Aufenthaltstitels oder einer Arbeitsgenehmigung zu. Zudem obliegt dem Migranten eine

Offenbarungspflicht über das etwaige Fehlen eines Aufenthaltstitels oder einer Arbeitsgenehmigung.

5.1.4 Ausgestaltung des Arbeitsvertrags

Es ist zwar nicht erforderlich, dem Migranten eine **Übersetzung des Arbeitsvertrags** in die von dem Migranten beherrschte Sprache auszuhändigen. Es empfiehlt sich aber, dem der deutschen Sprache nicht mächtigen Migranten vor Vertragsschluss etwas Bedenkzeit einzuräumen, die er dann auch dazu verwenden kann, sich den Vertragsentwurf in die von ihm beherrschte Sprache übersetzen zu lassen. Von der Abfassung eines ausschließlich fremdsprachigen Arbeitsvertrags ist abzuraten. Im Streitfall müssten für das Gericht zeit- und kostenintensive, beglaubigte Übersetzungen gefertigt werden. Als vermittelnde Lösunge kann ein bilingualer Vertrag in deutscher und englischer Sprache abgeschlossen werden, in dem aber geregelt sein sollte, dass die englische Sprachversion nur dem erleichterten Verständnis dienen soll und im Streitfall allein die deutschsprachige Fassung gilt.

Allein der Umstand, dass ein Arbeits- oder Ausbildungsverhältnis statt mit einem Deutschen oder EU-Bürger mit einem Migranten begründet wird, ist noch kein Anlass, das Vertragsverhältnis unter eine andere als die deutsche Rechtsordnung zu stellen. Eine solche **Rechtswahl** würde ohnehin regelmäßig daran scheitern, dass zwingende Vorschriften zum Beschäftigtenschutz umgangen würden.

Der Arbeitsvertrag kann zudem unter die aufschiebende Wirkung gestellt werden, dass er erst in Kraft tritt, wenn der erforderliche Aufenthaltstitel vorliegt. Zum Abschluss befristeter Arbeitsverträge vgl. die Aufführungen zur Beendigung (unten 5.4.1). Ergänzend kann die Pflicht des Arbeitnehmers aufgenommen werden, dem Arbeitgeber stets aktuelle Kopien der Aufenthaltserlaubnis und Arbeitsgenehmigung vorzulegen.

5.1.5 Mitbestimmung

In **kollektivrechtlicher Hinsicht** ist zu beachten, dass ein im Unternehmen bestehender Betriebsrat die Zustimmung zur der Einstellung eines nicht mit einem Aufenthaltstitel oder einer Arbeitsgenehmigung ausgestatteten Migranten verweigern kann, § 99 Abs. 2 Ziff. 1 BetrVG. Für den Fall, dass der Betriebsrat die Zustimmung zu der Einstellung verweigert, kann die Ersetzung der Zustimmung durch das Arbeitsgericht beantragt werden. Dieser Rechtsbehelf ist aber nur theoretischer Natur. Erstens wären dessen Erfolgsaussichten regelmäßig gering. Zweitens kommt dieser Rechtsbehelf wegen des Risikos, durch die Beschäftigung eines nicht mit einem Aufenthaltstitel oder einer Arbeitsgenehmigung ausgestatteten Migranten eine Ordnungswidrigkeit oder Straftat zu begehen, nicht in Betracht.

5.2   Fördermöglichkeiten

Aufgrund der durch das Integrationsgesetz eingeführten Neuerungen steht Inhabern einer Aufenthaltsgestattung, bei denen ein rechtmäßiger und dauerhafter Aufenthalt zu erwarten ist, der Zugang zur **Ausbildungsförderung** zu. Ein rechtmäßiger und dauerhafter Aufenthalt ist derzeit nur bei Migranten aus Eritrea, Irak, Iran, Syrien und der Ukraine zu erwarten. Diesen Migranten kann die Möglichkeit eingeräumt werden, an **berufsvorbereitenden Bildungsmaßnahmen** gem. § 51 SGB III teilzunehmen. Dabei handelt es sich um Maßnahmen, die Kenntnisse und Fähigkeiten vermitteln, die für eine sich an die Maßnahme anschließende Berufsausbildung erforderlich sind. Solche Maßnahmen sind z. B. Sprach- und Integrationskurse aber auch Mischformen aus Unterricht und Praktika. Zudem können **ausbildungsbegleitende Hilfen** gem. § 75 SGB III gewährt werden. Dies sind z. B. Maßnahmen zum Abbau von Sprach- und Bildungsdefiziten, zur Förderung fachpraktischer und fachtheoretischer Fertigkeiten, Kenntnisse und Fähigkeiten und zur sozialpädagogischen Begleitung. Bei den vorgenannten Fördermöglichkeiten handelt es sich um Ermessensansprüche. Ferner können **Berufsausbildungshilfe** gem. § 56 SGB III bzw. **Ausbildungsgeld** gem. § 122 SGB III beantragt werden.

Inhaber einer Aufenthaltsgestattung, bei denen ein rechtmäßiger und dauerhafter Aufenthalt zu erwarten ist, können zudem an **Berufssprachkursen (BSK)** gem. § 45a AufentG teilnehmen, die die Vermittlung berufsbezogener Deutschkenntnisse bezwecken.

Als Ermessenleistung der Arbeitsagenturen werden finanzielle Unterstützungen für die **Einstiegsqualifizierung** von Migranten gem. § 54a SGB III gewährt. Dies ist z. B. der Fall bei Migranten mit Sprach- und Bildungsdefiziten, also regelmäßig.

Die Arbeitsagenturen können im Wege der Ermessensentscheidung **Eingliederungszuschüsse** für die Beschäftigung von Migranten bewilligen, wenn hierdurch die nachhaltige Integration des Migranten in den Arbeitsmarkt erreicht werden kann. Dies ist z. B. der Fall bei Migranten, die gesundheitlich eingeschränkt oder behindert sind.

Schließlich besteht die Möglichkeit der Teilnahme von Migranten an Maßnahmen der Arbeitsagenturen zur **Aktivierung und beruflichen Eingliederung,** um die berufsfachlichen Kenntnisse und Fertigkeiten des Migranten zu ermitteln. Diese Maßnahmen dauern maximal 6 Wochen, während denen der Mindestlohn nicht zu zahlen ist.

5.3 Während der Beschäftigung

5.3.1 Gleichbehandlungspflichten und Diskriminierungsverbote

Individualrechtlich bestehen Besonderheiten, die neben den diversen Gleichbehandlungspflichten und Diskriminierungsverboten auch aus der Fürsorgepflicht des Ausbilders oder Arbeitgebers erwachsen. Zu denken ist hierbei an das **Tragen religiöser Kleidungsstücke** wie z. B. Kopftüchern, die im Vergleich zu christlichen Accessoires wie z. B. Kreuzen etc. auffälliger sind und teilweise auch für Anstoß sorgen. Derartige Bekleidung hat der Arbeitgeber zu dulden, es sei denn, es gelänge ihm der – äußerst schwierig zu führende – Nachweis, dass dies zu konkreten betrieblichen Störungen oder wirtschaftlichen Einbußen führen würde (Gyo 2011, S. 322). Unter Berücksichtigung des kirchlichen Selbstbestimmungsrechts gem. Art. 137 Abs. 3 Weimarer Reichsverfassung (WRV) ist kirchlichen Arbeitgebern, die in Deutschland unter anderem als Diakonie, Caritas etc. mit zusammen mehr als 960.000 Arbeitnehmern der zweitgrößte Arbeitgeber nach dem Staat sind (Gyo 2011, S. 295) jedoch zuzubilligen, den bei ihnen beschäftigten Arbeitnehmern das Tragen nicht-christlicher Kleidungsstücke zu untersagen. Dass hiervon in der Praxis selten Gebrauch gemacht wird, steht auf einem anderen Blatt. Konfliktpotential besteht auch bei der Unterbringung von **Gebetspausen** für muslimische Arbeitnehmer in der Arbeitszeit. Zeit für kurze Gebetspausen ist grundsätzlich während der Arbeitszeit zu gewähren, allerdings sind dabei betriebliche Belange zu berücksichtigen, die auch eine Abstimmung mit dem Arbeitgeber bzw. dem Vorgesetzten erfordern (Gyo 2011, S. 323). Sofern die Regelung des § 616 BGB nicht abbedungen ist, ist während der Gebetspausen der Arbeitslohn fortzuzahlen. Die Regelung des § 616 BGB ist dispositiv. Sie kann also im Arbeitsvertrag wirksam ausgeschlossen werden. Der Arbeitgeber sollte hiervon nicht nur im Hinblick auf beschäftigte Migranten Gebrauch machen, sondern generell. Schließlich fallen auch z. B. auch Abwesenheiten wegen der Teilnahme an (religiösen) Familienfeiern, Niederkunft der Ehefrau oder in häuslicher Gemeinschaft lebenden Partnerin, Trauerfälle etc. hierunter (Erfurter Kommentar 2022 § 616 BGB, Rn. 4).

Religiöse Überzeugungen von regelmäßig nicht den christlichen Mehrheits-religionen angehörenden, beschäftigten Migranten können auch zur berechtigten **Arbeitsverweigerung aus religiösen Gründen** führen. Zu denken ist an Fälle, in denen von muslimischen Metzgern verlangt wird, Schweinefleisch zu bear-beiten oder in denen muslimisches Pflegepersonal Kranken- oder Altenpflege an Angehörigen des jeweils anderen Geschlechts leisten soll. Dem Arbeitgeber obliegt es in diesen Fällen, alle zumutbaren Möglichkeiten auszuschöpfen, um seinen Beschäftigten die vorgenannten Konfliktsituationen zu ersparen. Nur wenn trotz Ausschöpfung dieser Möglichkeiten die Beschäftigung entgegen religiöser Verbote nicht unterbleiben kann und der betroffene Beschäftigte die für ihn pro-blematische Arbeit verweigert, kann der Arbeitgeber zur Kündigung greifen (Gyo 2011, S. 324).

5.3.2 Keine Ausnahmen von Arbeitnehmerschutzvorschriften

Selbstverständlich geltend Arbeitnehmerschutzvorschriften z. B. zur Arbeits-sicherheit, zum Mindesturlaub, zu Beschäftigungsverboten während Schwan-gerschaft, zum Anspruch auf Elternzeit, zum Schwerbehindertenschutz, zur Entgeltfortzahlung im Krankheitsfall usw. ausnahmslos auch für Migranten.

Gelegentlich wird diskutiert, Migranten von dem Anspruch auf Zahlung des gesetzlichen **Mindestlohns** von derzeit noch 9,82 EUR brutto pro Stunde aus-zunehmen. Dass es soweit kommt scheint unwahrscheinlich: Erstens wäre in einer solchen Ausnahme vom Mindestlohngesetz (MiLoG) ein zu vermeiden-der Präzedenzfall für weitere Ausnahmen vom Mindestlohn zu sehen, in deren Konsequenz es zur Erosion des Mindestlohns käme. Zweitens trennt das Arbeit-geberlager bei der Forderung nach weiteren Ausnahmen beim Mindestlohn nicht zwischen Migranten und Nicht-Migranten. Eine solche Schlechterbehand-lung von Migranten würde zudem verfassungsrechtlichen Bedenken begegnen. Darüber hinaus würde hierdurch ein sozialpolitisch nicht wünschenswerter Ver-drängungswettbewerb zwischen verschiedenen, auf dem Arbeitsmarkt weitgehend aussichtslosen Personengruppen entstehen wie dies schon damals bei sogenannten „Ein-Euro-Jobs" der Fall war („Straßenreinigung nur noch durch Flüchtlinge"). Eine Ausweitung von Ausnahmen vom Mindestlohn über das bestehende Maß auch auf einheimische Beschäftigte stößt auf erheblichen Widerstand beim DGB. Schließlich ist aus Untersuchungen zum Effekt von Mindestlohn-Ausnahmen auf die Beschäftigung von Langzeitarbeitslosen bekannt, dass dieses Instrument aus verschiedenen Gründen nicht benutzt wird. Diese Gründe lassen sich auch auf die Beschäftigung von Migranten übertragen. Z.B. liegt in der Abweichung vom Mindestlohn ein erhöhter bürokratischer Aufwand für alle Beteiligten; Vorbehalte gegen die Leistungsfähigkeit von Arbeitnehmern, bei denen vom Mindestlohn abgewichen werden könnte, lassen sich nicht durch die dadurch möglichen geringeren Lohnkosten ausräumen; weiter werden Motivationsprobleme und Unruhen in der Belegschaft befürchtet (IAB, Kurzbericht 23/2016, S. 7). Ohnehin ist der Mindestlohn nicht zu zahlen, soweit sich Migranten in Maßnahmen zur Aktivierung und beruflichen Eingliederung oder der Einstiegsqualifizierung befinden.

5.3.3 Konfliktprävention

Durch die Beschäftigung oder Ausbildung von Migranten besteht die erhöhte – in einer pluralistischen und freien Gesellschaft aber hinzunehmende und zu verteidigende – Wahrscheinlichkeit, dass gesellschaftliche und politische Konflikte in den Betrieb getragen und dort auch ausgetragen werden. Ob es sich um Konflikte zwischen Impfbefürwortern und -gegnern handelt oder zwischen ukrainisch- und russisch-stämmigen Mitarbeitern ist grundsätzlich nebensächlich. Der Arbeitgeber ist nicht verpflichtet, eine Störung des Betriebsfriedens unter dem Deckmantel der Meinungsfreiheit hinzunehmen. Bevor es soweit kommt, sollten potentielle Konfliktherde proaktiv angesprochen werden und die Beschäftigten z. B. darauf hingewiesen werden, dass unternehmerische Entscheidungen pro oder contra Geschäfte mit z. B. russischen Kunden nicht diskutiert werden, Spendensammlungen für den einen oder anderen Zweck oder Aufrufe zur Teilnahme an Demonstrationen während der Arbeitszeit oder unter Verwendung von Arbeitsmitteln wie z. B. Intranet oder betrieblicher eMail-Adressen nicht geduldet werden und Mitarbeiter mit anderen Meinungen nicht ausgegrenzt werden dürfen. Dabei sollte auch darauf hingewiesen werden, dass Straftaten wie z. B. Beleidigungen oder die öffentliche Billigung eines Angriffskrieges auch arbeitsrechtliche Konsequenzen von der Abmahnung bis zur Kündigung haben können.

5.3.4   Betriebsverfassungsrecht

Kollektivrechtlich gelten wenige Besonderheiten. Beschäftigte Migranten haben ungeachtet ihres Aufenthalts von zunächst ungewisser Dauer das **aktive und passive Wahlrecht in Betriebsratswahlen.** Im Vorfeld von Betriebsratswahlen ist durch den Wahlvorstand dafür zu sorgen, dass Beschäftigten, die der deutschen Sprache nicht ausreichend mächtig sind, über das Wahlverfahren, die Aufstellung der Wähler- und Vorschlagslisten, den Wahlvorgang und die Stimmabgabe unterrichtet werden, § 2 Wahlordnung. Die Nichtbeachtung kann zur Anfechtung der Betriebsratswahl gem. § 19 BetrVG berechtigen (Küttner 2021 Ausländer Rn. 19). Der Betriebsrat hat darüber zu wachen, dass es nicht zur Diskriminierung wegen der sogenannten „Rasse", Herkunft und Nationalität kommt, § 75 BetrVG. Zudem hat der Betriebsrat die Eingliederung besonders schutzbedürftiger Personen wie z. B. Migranten zu fördern, § 80 Abs. 1 Nr. 4 BetrVG und generell die Integration ausländischer Arbeitnehmer im Betrieb und das Verständnis zwischen ihnen und den deutschen Arbeitnehmern zu fördern sowie Maßnahmen zur Bekämpfung von Rassismus und Fremdenfeindlichkeit im Betrieb zu beantragen, § 80 Abs. 1 Nr. 7 BetrVG.

5.3.5   Lohnsteuerrecht

Für die **lohnsteuerrechtliche Behandlung** von Migranten gelten grundsätzlich keine Besonderheiten, da diese nicht an die Staatsangehörigkeit, sondern an den Wohnsitz gem. § 8 Abgabenordnung (AO) bzw. den gewöhnlichen Aufenthalt anknüpft, § 9 AO.

5.3.6   Sozialversicherungsrecht

Auch im **Sozialversicherungsrecht** bestehen für die Beschäftigung von Migranten grundsätzlich keine Besonderheiten, da gem. § 30 SGB I nicht die Staatsangehörigkeit, sondern der Wohnsitz bzw. der ständige Aufenthaltsort maßgeblich sind. Lediglich beim Bezug von Sozialleistungen bestehen Einschränkungen. So wird Grundsicherung für Arbeitssuchende (kurz: Arbeitslosengeld II, umgangssprachlich: Hartz IV) nicht an Ausländer geleistet, die noch keine drei Monaten in Deutschland sind ohne Arbeitnehmer oder Selbständiger zu sein, deren Aufenthaltsrecht nur zum Zweck der Arbeitsuche erteilt wurde und die Leistungen nach § 1 Asylbewerberleistungsgesetz (AsylbLG) beziehen können, sofern sie nicht einen Aufenthaltstitel gem. §§ 22–26 AufenthG haben, § 7 Abs. 1 S. 1 SGB II.

5.4 Beendigung der Beschäftigung

Es wurde bereits aufgezeigt, dass der Aufenthalt von Migranten im Bundesgebiet in vielen Fällen endlich ist. Eine – erzwungene – Ausreise führt für sich selbst genommen noch nicht zur automatischen Beendigung des Beschäftigungsverhältnisses, sondern nur zum Ruhen der Hauptleistungspflichten. Dies sind im Arbeitsverhältnis Arbeitsleistung und Vergütung und im Ausbildungsverhältnis die Pflicht, sich zu Bemühen, die berufliche Handlungsfähigkeit zu erwerben und die Pflicht, die berufliche Handlungsfähigkeit zu vermitteln. Die Nebenpflichten wie z. B. die Treuepflicht und das sich daraus ergebende Wettbewerbsverbot bleiben ohnehin weiter bestehen. Theoretisch könnte also ein als Asylbewerber abgelehnter Migrant nach seiner Ausweisung wieder in das Bundesgebiet zurückkehren – und bei Vorliegen der Beschäftigungsvoraussetzungen Aufenthaltserlaubnis und Arbeitsgenehmigung – die Fortführung des Arbeits- bzw. Ausbildungsverhältnisses verlangen. Zwar kann in dem Fall, dass Aufenthaltserlaubnis und/oder Arbeitsgenehmigung wegfallen oder der Arbeitnehmer sogar ausgewiesen wird, grundsätzlich eine **personenbedingte Kündigung** gem. § 1 Abs. 2 S. 1 KSchG ausgesprochen werden. Es ist aber zumindest denkbar, dass eine neue Aufenthaltserlaubnis und/oder Arbeitsgenehmigung erteilt werden oder ein ausgewiesener Migrant aus welchen Gründen auch immer wieder in das Bundesgebiet einreist und sogar mit einer Aufenthaltserlaubnis und/oder Arbeitsgenehmigung ausgestattet wird. Im Zusammenspiel mit den überzogenen Anforderungen zumindest der erstinstanzlichen Arbeitsgerichte an die Wirksamkeit von arbeitgeberseitigen Kündigungen rührt aus diesen Umständen ein, wenn auch nicht übermäßig hohes, Prozessrisiko für die Arbeitgeberseite.

5.4.1 Befristungsmöglichkeiten

Ein Arbeitsverhältnis mit einem Migranten sollte aus diesem Grund immer als **befristetes Arbeitsverhältnis** – mit der Möglichkeit der ordentlichen Kündigung gem. § 15 Abs. 3 TzBfG – abgeschlossen werden. Dabei sind die üblichen Fallstricke des Befristungsrechts zu beachten. Die Befristung ist vor der Aufnahme der Beschäftigung schriftlich zu vereinbaren, § 14 Abs. 4 TzBfG, andernfalls wäre die Befristung unwirksam und es läge ein unbefristetes Arbeitsverhältnis vor. Eine Befristung ohne Sachgrund darf maximal dreimal verlängert werden, die erste Befristung und ihre maximal drei Verlängerungen dürfen einen Gesamtzeitraum von maximal zwei Jahren nicht überschreiten, andernfalls entsteht ein unbefristetes Beschäftigungsverhältnis, § 14 Abs. 2 S. 1 TzBfG. Eine sachgrundlose Befristung ist ausgeschlossen, wenn mit demselben Arbeitnehmer innerhalb der drei vorangegangenen Jahre bereits ein – aus welchem Grund auch immer – befristetes oder unbefristetes Arbeitsverhältnis bestanden hat, § 14 Abs. 2 S. 2 TzBfG. Umgekehrt ist eine Sachgrundbefristung im Anschluss an ein befristetes oder unbefristetes Beschäftigungsverhältnis zulässig und wirksam. Als Sachgrund für eine Befristung kommt die Ungewissheit über die Aufenthaltsdauer des Beschäftigten als **Grund in der Person des Arbeitnehmers gem.** § 14 Abs. 1 S. 2 Nr. 6 TzBfG in Betracht. Voraussetzung ist allerdings, dass im Zeitpunkt der Vereinbarung der Befristung die hinreichend sichere Prognose gestellt werden kann, dass der Aufenthaltstitel bzw. Aufenthaltsstatus nicht verlängert werden wird (Erfurter Kommentar 2022 § 14 TzBfG Rn. 52). Dies ist insbesondere dann der Fall, wenn der Arbeitnehmer aus einem Land kommt, das als sicheres Herkunftsland gilt. Umgekehrt lässt sich eine Befristung gem. § 14 Abs. 1 S. 2 Nr. 6 TzBfG umso weniger rechtfertigen, wenn der Arbeitnehmer aus einem Land kommt, in das er auf absehbare Zeit nicht zurückkehren kann, wie derzeit z. B. Syrien. Es sind also die Umstände des Einzelfalls in Betracht zu ziehen, d. h. die Erfolgsaussichten für die Erteilung eines dauerhaften Aufenthaltstitels. Der Grund für dieses Erfordernis ist, dass einem Arbeitgeber nicht ermöglicht werden soll, einen unsicheren Aufenthaltsstatus eines beschäftigten Migranten zur Flexibilisierung seiner Belegschaft auszunutzen. Als weitere Sachgrundbefristung kommt die **Befristung zur Erprobung** gem. § 14 Abs. 1 S. 2 Nr. 5 TzBfG in Betracht. Als Maximaldauer kommt im Regelfall angesichts der Sechs-Monats-Schwelle für die Anwendung des Kündigungsschutzgesetzes gem. § 1 Abs. 1 KSchG und § 622 Abs. 3 BGB (um eine Probezeit nicht zu unterlaufen) eine maximal sechsmonatige Erprobungsbefristung in Betracht. Dies setzt ferner voraus, dass bislang noch keine Beschäftigung stattgefunden hat, in der der Arbeitgeber Gelegenheit zur Erprobung des Arbeitnehmers hatte. Mit anderen Worten: Soll das Arbeitsverhältnis mit einem Migranten befristet werden, muss eine Entscheidung zwischen entweder der maximal zweijährigen, sachgrundlosen Befristung oder der je nach Wahrscheinlichkeit der Verlängerung des Aufenthaltsstatus längeren oder kürzeren Befristung aus Gründen in der Person des Arbeitnehmers, ggf. mit einer vorgeschalteten Erprobungsbefristung, getroffen werden.

Für **Berufsausbildungsverhältnisse** ist die Befristung ausgeschlossen. Die Dauer eines Berufsausbildungsverhältnisses richtet sich vielmehr nach jeweiligen Ausbildungsordnungen.

5.4.2 Voraussetzungen der Kündigung

In den Fällen, in denen ein Arbeits- oder Berufsausbildungsverhältnis durch eine **verhaltensbedingte Kündigung** gem. § 1 Abs. 2 S. 1 KSchG beendet werden soll, muss der Kündigung regelmäßig eine **Abmahnung** vorangehen. Eine Abmahnung ist nur in Fällen entbehrlich, in denen der Arbeitnehmer wissen musste, dass sein Fehlverhalten nicht akzeptiert würde, z. B. bei der Begehung von Vermögens- oder Gewaltdelikten. Eine Abmahnung ist auch dann entbehrlich, wenn der Arbeitgeber in der Regel nicht mehr als 10 Personen in Vollzeit beschäftigt und das Kündigungsschutzgesetz deshalb keine Anwendung findet. In diesen Fällen ist eine Kündigung nur eingeschränkt überprüfbar, ein Abmahnerfordernis besteht zumindest für eine ordentliche Kündigung – d. h. unter Einhaltung der gesetzlichen oder vertraglichen Kündigungsfrist – praktisch nicht. Sollte der Abmahnungsadressat der deutschen Sprache nicht mächtig sein, sollte der Abmahnung eine Übersetzung in der Sprache beigefügt werden, derer der Abmahnungsadressat mächtig ist. Ein Arbeitgeber ist zwar nicht verpflichtet, Abmahnungen in einer anderen als der deutschen Sprache auszusprechen. Gleichwohl wird empfohlen, die Abmahnung in einer Sprache auszufertigen, die der Abmahnungsadressat beherrscht. Es gilt nämlich zu vermeiden, dass der Abmahnungsadressat behauptet, von der Warnfunktion der Abmahnung nicht erreicht worden zu sein, weil er noch keine Gelegenheit hatte, sich um eine Übersetzung zu kümmern. Der Zeitraum, der dem Abmahnungsadressaten zuzugestehen ist, um sich um eine Übersetzung zu kümmern, hängt von den Umständen des Einzelfalls ab, wie z. B. von dem Vorhandensein eines Betriebsdolmetschers, von dem örtlichen Angebot an Dolmetschern für die von dem Abmahnungsadressaten beherrschte Sprache usw. In Anlehnung an die dreiwöchige Klageerhebungsfrist für die Kündigungsschutzklage gem. § 4 S. 1 KSchG dürfte dieser Zeitraum aber maximal drei Wochen betragen. Kommt es in diesem Zeitraum zu einem weiteren Pflichtverstoß, besteht demnach das Risiko, dass der Abmahnungsadressat den Inhalt der Abmahnung noch nicht zur Kenntnis genommen hat und der weitere Pflichtverstoß deshalb noch nicht als Kündigungsgrund herangezogen werden kann.

Aus ähnlichen Gründen sollte auch die **Kündigungserklärung** gegenüber einem Migranten, der die deutsche Sprache nicht beherrscht, mit einer Übersetzung versehen werden. Zwar liegt das Risiko, den Inhalt der Kündigungserklärung nicht zu verstehen nach überwiegender Ansicht beim Kündigungsadressaten. Teilweise wird aber eben auch die Ansicht vertreten, dass die Kündigung erst dann zugegangen sein soll, wenn der Kündigungsadressat ausreichend Gelegenheit hatte, sich Kenntnis von ihrem Inhalt zu verschaffen, z. B. durch Einholung einer

Übersetzung. Im schlimmsten Fall laufen während dieses Zeitraums die Fristen zur Erklärung einer außerordentlichen oder einer Probezeitkündigung ab. Wichtig ist, dass die Schriftform eingehalten wird, da die Kündigung ansonsten schon deshalb unwirksam wäre.

5.4.3   Aufhebungsvertrag

Auch ein **Aufhebungsvertrag** mit einem der deutschen Sprache nicht mächtigen Migranten sollte sicherheitshalber mit einer Übersetzung versehen werden. Ohnehin ist die Schriftform einzuhalten, da der Aufhebungsvertrag ansonsten unwirksam wäre.

5.4.4   Anfechtung wegen arglistiger Täuschung

Sollte der Migrant eine zulässige Frage des Arbeitgebers bzw. Ausbilders, z. B. nach für die Tätigkeit erforderlichen Sprachkenntnissen, nicht wahrheitsgemäß beantwortet haben, erwächst dem Arbeitgeber bzw. Ausbilder hieraus ein **Anfechtungsrecht wegen arglistiger Täuschung** gem. § 123 Abs. 1 BGB. Das gleiche gilt, wenn seitens des Migranten Offenbarungspflichten verletzt werden; dies ist z. B. denkbar bei dem Bestehen von Lebensaltersuntergrenzen z. B. im Hinblick auf den Erwerb von Kraftfahrerlaubnissen. Eine Offenbarungspflicht hinsichtlich des Fehlens eines Aufenthaltstitels oder einer Arbeitsgenehmigung dürfte schon wegen der Pflicht des Arbeitgebers, sich über deren Vorliegen zu erkundigen und dies zu dokumentieren, nicht in Betracht kommen. Übt der Arbeitgeber oder Ausbilder sein Anfechtungsrecht wegen arglistiger Täuschung aus, endet das Arbeits- oder Ausbildungsverhältnis rückwirkend zum Anfangszeitpunkt.

5.5   Mitteilungspflicht nach Beendigung der Beschäftigung oder Ausbildung

Endet das Beschäftigungsverhältnis – gleich aus welchen Gründen und von wem – ist der Arbeitgeber verpflichtet, dies unter Angabe des Zeitpunkts der Beendigung des Beschäftigungsverhältnisses, des Namens, Vornamens und der Staatsangehörigkeit des Ausländers innerhalb von zwei Wochen ab Kenntnis der zuständigen Ausländerbehörde mitzuteilen, § 60d Abs. 3 S. 3 AufenthG. Unterbleibt diese Mitteilung, liegt darin eine Ordnungswidrigkeit gem. § 98 Abs. 2a

Nr. 4 AufenthG, die mit einer Geldbuße von bis zu 30.000 EUR geahndet werden kann, § 98 Abs. 5 AufenthG.

Wird ein **Ausbildungsverhältnis nicht betrieben oder abgebrochen,** muss die Bildungseinrichtung – nicht aber der Ausbildungsbetrieb – die der Migrant besuchte, dies unverzüglich, in der Regel innerhalb von zwei Wochen, der zuständigen Ausländerbehörde mitzuteilen. In der Mitteilung sind neben den mitzuteilenden Tatsachen und dem Zeitpunkt ihres Eintritts die Namen, Vornamen und die Staatsangehörigkeit des Ausländers anzugeben, § 60c Abs. 5 S. 1 AufenthG. Unterbleibt diese Mitteilung, liegt darin eine Ordnungswidrigkeit gem. § 98 Abs. 2a Nr. 4 AufenthG, die mit einer Geldbuße von bis zu 30.000 EUR geahndet werden kann, § 98 Abs. 5 AufenthG.

Die vorgenannten Mitteilungspflichten treffen auch den betroffenen Ausländer, § 82 Abs. 6 AufenthG. Kommt er diesen nicht nach, liegt darin eine Ordnungswidrigkeit gem. § 98 Abs. 2 Nr. 5 AufenthG, die aber nur mit einer Geldbuße von bis zu 1000 EUR geahndet werden kann, § 98 Abs. 5 AufenthG.

Ansonsten bestehen nach der Beendigung eines Arbeits- oder Ausbildungsverhältnisses keine Besonderheiten zwischen Migranten und anderen Beschäftigten oder Auszubildenden.

Was Sie aus diesem *essential* mitnehmen können

- Migration bietet ungeachtet der Unkenntnis über die noch unbekannten Qualifikationen der Migranten Chancen, dem sich verschärfenden Fachkräftemangel zu begegnen.
- Das System der verschiedenen Aufenthaltstitel und -statuten ist wenig übersichtlich. Rechtssicherheit wird aber dadurch erzeugt, dass die Art der Beschäftigungserlaubnis aus den jeweiligen Aufenthaltspapieren hervorgeht.
- Arbeitgeberrisiken bei der Beschäftigung von Migranten drohen vor allem in Fällen der fehlenden Beschäftigungserlaubnis.
- Der ungewissen Aufenthaltsdauer von Migranten sollte durch den Einsatz befristeter Arbeitsverträge begegnet werden.
- Typische Konflikte beim Einsatz von Migranten können vor allem durch Konfliktprävention und verantwortungsbewusste Aufgabenerfüllung durch die Mitbestimmungsorgane vermieden werden.

© Springer Fachmedien Wiesbaden GmbH, ein Teil von Springer Nature 2022   47
C. Gyo, *Beschäftigung von Flüchtlingen,* essentials,
https://doi.org/10.1007/978-3-658-37856-1

Literatur

Bergmann J, Dienelt K (2020) Ausländerrecht. Beck, München
Erfurter Kommentar (2022) Beck, München
Gyo C (2009) Migrant workers in Germany. Comp L Law Policy J (2009), 47–66
Gyo C (2011) Diskriminierung aufgrund der Religion im deutschen und französischen Arbeitsrecht – Völker-, europarechtliche und nationale Regelungen. Lang, Frankfurt a. M.
Institut für Arbeitsmarkt und Berufsforschung der Bundesagentur für Arbeit IAB (2016) Kurzbericht 23/2016 – Mindestlohnausnahme für Langzeitarbeitslose: Wenig wirksam und kaum genutzt. https://iab.de/194/section.aspx/Publikation/k160608303. Zugegriffen: 18. Apr. 2022
Institut für Arbeitsmarkt und Berufsforschung der Bundesagentur für Arbeit IAB (2020a) Kurzbericht 4/2020a – Fünf Jahre seit der Fluchtmigration 2015: Integration in Arbeitsmarkt und Bildungssystem macht weitere Fortschritte. https://www.iab.de/194/section. aspx/Publikation/k200129301. Zugegriffen: 18. Apr. 2022
Institut für Arbeitsmarkt und Berufsforschung der Bundesagentur für Arbeit IAB (2020b) Kurzbericht 8/2020b – Viele Hochqualifizierte, aber auch viele Ungelernte. https://www. iab.de/194/section.aspx/Publikation/k200324303. Zugegriffen: 18. Apr. 2022
Institut für Arbeitsmarkt und Berufsforschung der Bundesagentur für Arbeit IAB (2020c) Kurzbericht 2/2021 – Integration von Migrantinnen und Migranten in Deutschland: Anerkennung ausländischer Berufsabschlüsse hat positive Arbeitsmarkteffekte. https://www. iab.de/194/section.aspx/Publikation/K210203HLQ. Zugegriffen: 18. Apr. 2022
Institut für Arbeitsmarkt und Berufsforschung der Bundesagentur für Arbeit IAB (2020d) 8/2021 – Arbeitsmarktintegration in Deutschland: Geflüchtete Frauen müssen viele Hindernisse überwinden. https://www.iab.dc/194/scction.aspx/Publikation/K210409IYX. Zugegriffen: 18. Apr. 2022
Küttner (2021) Personalbuch 2021. Beck, München

Printed in the United States
by Baker & Taylor Publisher Services